名人家风丛书

苟利国家生死以

——林则徐与林氏家风

本书系2016年度国家社会科学基金重大项目“中国传统文化教育资源的开发利用研究”（项目批准号：16ZDA230）阶段性成果。

名人家风丛书

徐梓 主编

苟利国家生死以

——林则徐与林氏家风

徐娜娜 著

中原出版传媒集团
中原传媒股份公司

大象出版社
·郑州·

图书在版编目(CIP)数据

苟利国家生死以 ：林则徐与林氏家风 / 徐梓主编；徐娜娜著. — 郑州 ：大象出版社，2022. 2
(名人家风丛书)
ISBN 978-7-5711-0841-0

Ⅰ. ①苟… Ⅱ. ①徐… ②徐… Ⅲ. ①家庭道德-中国②林则徐（1785-1850）-家族-史料 Ⅳ. ①B823. 1 ②K820. 9

中国版本图书馆 CIP 数据核字(2020)第 238292 号

名人家风丛书
徐　梓　主编
GOU LI GUOJIA SHENGSI YI
苟利国家生死以
——林则徐与林氏家风
徐娜娜　著

出 版 人　汪林中
总 策 划　郑强胜
责任编辑　梁金蓝
责任校对　牛志远
书籍设计　王　敏

出版发行　大象出版社(郑州市郑东新区祥盛街 27 号　邮政编码 450016)
发行科　0371-63863551　总编室　0371-65597936
网　　址　www. daxiang. cn
印　　刷　河南瑞之光印刷股份有限公司
经　　销　各地新华书店经销
开　　本　890 mm×1240 mm　1/32
印　　张　6. 5
字　　数　139 千字
版　　次　2022 年 2 月第 1 版　2022 年 2 月第 1 次印刷
定　　价　22. 00 元
若发现印、装质量问题，影响阅读，请与承印厂联系调换。
印厂地址　武陟县产业集聚区东区(詹店镇)泰安路与昌平路交叉口
邮政编码　454950　电话　0371-63956290

总　序

一个人有一个人的气质，一个国家有一个国家的性格。一个家庭在长期的延续过程中，也会形成自己独特的风气。这样一种看不见的风尚习惯、摸不着的精神风貌，以一种隐性的形态存在于特定家庭的日常生活之中，家庭成员的一举手、一投足，无不体现出这样一种习性。这就是家风。

“家风”一词，最早见于西晋著名文学家潘岳的诗中。与潘岳有“双璧”之称的夏侯湛，自恃文才超群，将《诗经》中有目无文的六篇“笙诗”补缀成篇。潘岳为与友人唱和，写作了《家风诗》。在这首诗中，作者通过歌颂祖德、称美自己的家族传统以自勉。

“家风”又称“门风”，这个词语在西晋出现并在随后流行，显然和“士族”“世族”“势族”“大族”“世家大族”成为社会上的统治力量有关。无论是以宗族为根基、以武力为特质的地方豪族，还是以官宦为标志、以文化为表征的名家大姓，他们政治上累世贵显，经济上广占土地，文化上世传家学，垄断了全社会的主要资源。除通过九品中正制和婚姻关系来维护门阀制度之外，他们还自矜门户、标树家风，用以抵御皇权和寒人的侵渔。正因为如此，两晋以后，这个词语渐次流行。从发轫之初，“家风”就往往和“门风”互用。我们可以将它理解为家庭的风气，将它看作一个家庭的传统、一个家庭的文化。

传统作为人类代代相传的行事方式，是从过去延传到现在的事物。没有经过较长时间的过滤和沉淀，就形成不了传统。在《论传统》的作者希尔斯看来，至少要持续三代人，才能成为传统。尽管世代本身的长短不一，但无论是信仰还是行动范式要成为传统，至少需要三代人的两次延传。家风作为特定家庭的传统，是该家庭长时期历史汰选、传统沉淀的结果，是一辈又一辈先人生活的结晶。在历史文献中，“家风”或与“世德”共举，或与“世业”并称，足见家风有别于时尚，而与“世”即很多年代、好几辈子紧密关联。在时间上持续的短暂性是时尚的特征，而家风则是历经延传并持久存在，或者在子孙后代身上一再出现的东西。正是在这个意义上，历史文献中提及“家风”一词，往往蕴含对传统的继承。如比比皆是的“不坠家风”“世守家风”“克绍家风”“世其家风”及“家风克嗣”等，无不体现了这一特点。

有一种观点认为，家风必须是健康的、积极向上的，否则，不能称之为家风。实际上，这只是说者的一种期许、一种渴盼，家风本身并不蕴含这样的意味。否则，“良好家风”就是毫无意义的同义反复。正如“文化”是使民族之间表现出差异性的东西，时时表现着一个民族的自我和特色一样，家风作为家庭的文化和传统，表现的也是一个家庭的气质和风习，反映出一个家庭与其他家庭的不同之处。它完全是一个中性的概念，并不必然具有正面的意义。有的家风可能是勤奋俭朴、为人忠厚、待人有礼，也有的家风可能是狡诈刻薄、游荡为非、跋扈凶横。如同一所学校、一个班级的风习我们称之为校风、班风，而校风有好坏之分，班风有高下之别，并不总是值得弘扬一样，家风同样也有不良的，并不都是传家宝。正因为如此，对家风或门风则就既有称誉，也有贬损。即便是在传统社会，被视为传家久、继世长的，也只有耕读、忠厚、清廉这样一些美好的品质。

的确，家风的特征在前现代、在乡村社会、在大家庭中表现得十分鲜明，格外生动，而在现代城市家庭中却不那么明显。但是，只要一个组织存在，就会有这个组织的文化，特别是这个组织如果有历史的厚重，有传统的积淀，就更是如此。作为家庭的文化，家风是附丽于家庭而存在的，只要有家庭，就会有家风。家风并不必然会因为农村的城市化、大家族被小家庭所取代而丧失，或者说，随着历史的演进，社会情势的变化，家风的具体内容肯定会有变化，但家风仍然会存在。在社会结构和家庭结构都发生了革命性变革的当今社会，人们感叹“家风”的荡然无存，其实是指家庭所秉持的“只耕田，只读书，自然富贵；不欠债，不健讼，何等安宁”这样一些古典原则的式微，是指“耕读两途，读可荣身耕可富；勤俭二字，勤能创业俭能盈”这样一些传统内容的沦落，是“志欲光前，惟是诗书教子；心存裕后，莫如勤俭传家”这样一些旧时理念的散淡，而不是家风本身的消逝。

此外，家风不同于家规。虽然这两个词都与家庭教育相关，但它们有着本质的差异。

家规是家庭或家族中的规矩，是家人所必须遵守的规范或法度，是父祖长辈为后代子孙所制定的立身处世、居家治生的原则和教条。它是借助尊长的权威，加之于子孙族众的又一重道德约束，有的甚至具有法律效力。它有家训、家诫、家仪、家教、家法、家约、家矩、家则、家政、家制等名义，有敬祖宗、睦宗族、教子孙、慎婚嫁、务本业、励勤奋、尚节俭等多方面的内容，是行于口头、针对性强的具体教诫，是见诸家书、目的明确的谆谆训诲，是载诸家谱、可供讽诵的文本规条。家规可以有多种分类，如：根据其表现形式，可以分为教诫活动的家规和文献形式的家规两种；根据内容，则可以分为针对一人一事、起因明确、内容具体、结果显豁的非规范性家规和针对整个人生、涉及方方面面的规范性家规。有的家规，着重家庭子弟的道德修养，教授为人处世要法；有的家规，集中居家治生，以至是祠堂、义庄、学塾等的管理规条。但无论如何，相对于家风，家规一个总的特点是有形的，是可视可见的。

一个家庭的家风有别于这个家庭世代相传的道德准则和处世方法，它是一个家庭的性格特征。虽然它一旦形成，也就成为教化的资源，对家族子弟具有熏染影响、沾溉浸濡的意义，但它是一种不必刻意教诫或传授，仅仅通过耳濡目染就能获得的精神气质，具有“润物细无声”的作用。历史文献中的“渐渍家风”，就极为生动形象地诠释了这一过程。通俗地说，我们可以把家规看作教化家人的教科书，而家风则是经由长期教化后的结果。

2014年春节期间，中央电视台的“家风”系列报道，引起了社会的热烈反响和高度认同。这一报道对于引导人们自觉省思，培植良好的家风，构建和谐的家庭关系，夯实家庭这一社会的堡垒，进而培养全社会的良风美俗，疗治现今社会的乱象，无疑具有积极的意义。正是基于这样一种用心，《寻根》杂志主编郑强胜代表大象出版社，约请我主编这套“名人家风丛书”。

第一辑十种出版之后，广受读者好评、社会欢迎。众多媒体都曾予以推荐，并入选国家新闻出版广电总局向全国青少年推荐百种优秀出版物、入选第二届中华优秀传统文化普及图书50种图书推荐目录，出版社也一印再印。受这种情势鼓舞，强胜兄按此前我们商议好的计划，不失时机地敦促我们启动了第二辑的编写工作。2016年5月18日，他给我发来了《“名人家风丛书”第二辑编写建议》，第二辑的编写工作由此启动。2018年6月，他又给我发来了《“名人家风丛书”第三辑编写建议》，第三辑的编写工作由此启动。

2016年，我作为首席专家承担了国家社会科学基金重大项目“中国传统文化教育资源的开发利用研究”（项目批准号：16ZDA230）的研究工作，本辑图书的编写也是该项目研究工作的一部分，并受到了项目的资助，王立刚居中做了大量的工作。

本辑的编写者，依然主要是我的学生，也吸纳了个别对此有热情、有研究的朋友参加。由于时间仓促，特别是水平所限，其中肯定会有这样或那样的问题，诚挚地希望读者不吝赐教，以便我们把这项工作做得更好。

北京师范大学国学经典教育研究中心 徐梓

2020年1月

目录

引 言

1840年，澳门当地报纸上的一篇新闻记载了这样一个片段：

> 钦差并非与英国人作对，只是攻敌凡做鸦片贸易之人而已。钦差即问产鸦片之地方，令我写之，我即写之与他。讲至都鲁机（土耳其）出产鸦片时，钦差即问都鲁机是否系米利坚（美利坚）地方，抑或系米利坚所属之地，我等回说不属米利坚，只离中国约一月水程。钦差同各位大官府，尽皆似是惊讶。钦差同总督及其余大官，斯时皆站立，甚谦厚，与我等讲话，戏笑英国人之装束打扮，小心细察我等之服色穿着。

这位钦差，正是林则徐。作为晚清以来最早开眼看世界的民族脊梁，此时的林则徐尚不知土耳其在何处。

然而，在随后的一百多年里，林则徐的子孙有和侵略者作战的海军将领，有东赴日本留学并加入同盟会的初代女留学生，有清末民初的外交官，有加入新四军抗日救国的女中豪杰，有从延安时期就从事外交活动并最终亲自向联合国提交香港回归文件的外交大使……从不知土耳其在何方到参与世界历史的发展进程，林则徐和林氏后人见证并参与了中华民族从沉睡到苏醒的历史进程。在这个进程中，林氏家风在其中发挥了重要的作用。

林氏家风的内涵非常丰富，包括从林氏先祖传下来的仁民爱物的博爱之心，由林宾日孕育的梅妻鹤子的淡泊情怀，由林则徐继承发扬的“海纳百川，有容乃大”的处世之道，由林则徐确立形成并经后人继承发扬的“苟利国家生死以，岂因祸福避趋之”的爱国情怀和“壁立千仞，无欲则刚”的道德修养。

林则徐（1785—1850），福建侯官人，14岁中秀才，27岁中进士，从政三十多年，历任二十多个官职，足迹遍布十四省，有“林青天”之美称，也是晚清治水赈灾的“大禹”。他继承父训，厉行节俭，不妄取，不妄拿，并发扬父亲经世致用的精神，竭力提携后进，革除官场和民间旧弊，忠君事国。林则徐身体力行，于国家危难之时担当起重任，又在被皇帝抛弃时以“不以物喜，不以己悲”的辖达情怀奔赴新疆伊犁，在南疆大地留下忠国者的足迹。自幼受家庭教育的熏陶，成年与“山妻”郑淑卿互相扶持，同甘共苦，为后人留下多样“传家宝”。

清人评价林则徐：林文忠公一代伟人，独犯天下之大难，惜当时无相与宏济于艰之人，以至功败垂成，未竟其志。

随着时代变化，今天我们再温习林则徐家风，能够以“已竟其志”来告慰林文忠公了。

2000年9月20日，林则徐诞辰215周年之际，在林则徐的出生地福州左营司巷，“林则徐星”纪念碑揭幕。这颗星的背后，与林则徐及其家风有着密切的关系。

第一章

家风的初育：梅鹤君子

不止一次，在失意的黑夜里，林家都会想到那些集人品、才华和天眷于一身的先祖。他们包括却不限于一门九刺史的林披、爱林不爱崔的林蕴……

第一节　遥远的荣光：祖上姓林

一、读书兼打鬼

九牧林氏，集人品、才华和天眷于一身的林家先祖。每当身处被失意笼罩的黑夜里，林家后人最先想到的，就是唐代的九牧林氏。因为那是距离他们虽然遥远，但仍能追溯的荣光。

林披，福建莆田人。虽然在《新唐书》中，关于他生平的记载只有四十个字左右，不过我们仍然知道，林披自幼就爱读书，博览经史子集，才十五岁就手抄了上千卷，二十岁时以明经取士。可见，这是一位少见的青年才俊。

但是，这位才俊和别人不太一样。用我们现在的话来说，林披是一个朴素的唯物主义者。他不太信神，也不太信鬼。

汀州多山多雨，也多山魅，当地流传这样一个故事：

开元年间，汀州刺史元自虚刚上任的时候，有很多下属都来拜见他。人群中忽然有一个萧老头儿上前说话：“我一家在这个宅子里住了好几代了，还好没有侵占到您的厅堂。”说完话，萧老头儿就不见了。从此以后，不管有什么事，不论吉凶，萧老头儿都来“汇报”，没有不应验的。

元自虚是个刚直的人，不怎么把萧老头儿的话放在心上。但元自虚的家人却常常见到奇怪的事：有时见一个人坐在屋檐上，长长的腿拖到了地面；有时看到三三两两的人，在空中行走，如履平地；有时看到有人抱着婴儿，找他们要吃的；有时又看到化着浓妆的美人趁着月色打闹嬉笑，扔砖抛瓦。家人请求元自虚在屋后设堂供奉，不然妖怪还会更加嚣张。元自虚拒绝了家人的请求。

有一天，萧老头儿又来找元自虚，却不是汇报吉凶，而是告别。他说：“我要远行去拜访亲友，就把家里的几口子托付给你了。”

元自虚私下向上了年纪的老人打听。老人们告诉他：“您家宅子后面的枯树里，以前住着山魅。”元自虚当即命人堆了柴火，冲天大火瞬间燃了起来。可是，元自虚却在火中听到了忽隐忽现的“冤枉”之声，凄凄惨惨，似无可逃。

过了一个多月，萧老头儿回来了，却是穿着素衣缟服，他流着泪质问元自虚：“我把儿女托付给你，你却害得我家破人亡，我也得让你认识认识我了。”这时的萧老头儿，嘴里又像冒出另一个人的声音，对元自虚急切喊道：“快走，快走！”似乎想要救他。这时，萧老头儿从怀里摸出一个弹丸大小的盒子，打碎在地上。

元自虚蹲下身看，却见一只苍蝇大小的老虎蹦了出来，眨眼工夫就变成了一只大老虎，咬死了元自虚家里一百多口人后逃了出去。

元自虚也和萧老头儿一样，家破人亡了。

这个故事在汀州流传甚广，连汀州刺史都被山魅搞得家破人亡，那么咱们普通老百姓不是更得敬重它们、祭祀它们吗？所以，汀州当时到处修建“淫祠”，时时刻刻“侍奉”山魅。其实，民众们也苦不堪言，可是没人管呀。

林披上任之后不久，就把自己打扮成得道之人，大笔一挥，写下了《无鬼论》，命人四处张贴宣读。

事实证明，山魅没能奈何林披。不说别的，至少当时大家都知道，林披生了九个儿子，而且后来个个都做了刺史。若真有山魅，还能让林披成就“九牧林氏”的美名吗？没多久，汀州事鬼神的风气渐渐平息。因为“治鬼”成绩显著，林披也升迁了。

二、爱林不爱崔

当大家都在吹嘘“家父官居何职，年入几何”的时候，林披却微微一笑：不才有犬子九人，个个都是刺史。林披一生最大的成就不是治了汀州的鬼，而是培养了九个优秀的儿子。这几个儿子，也都显露出仁民爱物的林氏风骨。

林蕴，字复梦，林披第六子，唐德宗贞元四年（788年）中进士，有诗文传世，在当时亦享有盛名。作家柳青说过：人的一生中关键的就那么几步。其实，走好那几步，往往需要多年的积累和沉淀。林蕴凭着父亲平日的教导，走好了那么关键几步。

林蕴才思敏捷，是中唐以后福建第一个考中进士的。至于第二个，则是他的哥哥林藻。第三个是林蕴的妹夫欧阳詹。

唐代也颇讲究门第家世，唐太宗李世民曾专门命人编《氏族志》。当时的名门大姓，有李、崔、郑、卢、王、谢等。这些大姓背后，要么是文化大家族，要么是政治大家族。有一个崔生，对自己的出身十分骄傲，经常在别人面前夸耀，仿佛崔姓的荣耀都是他带来的一样。这天，他和林蕴一道参加宴会。席上，崔生十分瞧不起林姓，大放厥词。崔生意图很明显，就是想显摆一下自己崔家大姓的特殊地位。

从家族整体实力来看，虽说林蕴兄弟九人个个能干，为父亲博得了“九牧林氏”的美誉，但和“崔氏八龙”“二龙两崔”的崔家比起来，确实还有差距。

当时，林蕴脸上波澜不惊，只是笑眯眯地反问崔生：“你我两家，在春秋时期，皆有先祖，你记得是谁吗？”

崔生当然记得，张口答道：“我家先祖崔杼，你家先祖林放。一在《春秋左氏传》，一在《论语》。”

林蕴就说：“那么，崔杼弑君，林放问礼，孰优孰劣？”

崔生顿时脸红，连忙俯首认错，不敢再多说一句。

这段对话之前不久，唐玄宗曾下旨，让林放随孔子祀。换句话说，林放是官方承认的孔门七十二贤人之一。而崔杼不臣，当然是没什么可表扬的了。

一时间，满座皆惊，能让崔家人在文化上吃亏的，竟是一个东南小地方来的林家子弟。

其实，林蕴并非真想在出身上压崔生一头。毕竟一姓之中，动辄成千上万人，既有成才的，也有不成才的。抱着自己姓氏就以为得了什么话语权的崔生，显然不明白这个道理。林蕴却心如明镜，他不过是在告诉别人，我家先祖以孔子为师，我自也是持礼修身，以儒为业。

大姓有大姓的规模，可小姓也有小姓的风骨。过了千百年，到林则徐父辈、子孙辈，林家婚娶仍是着眼于才德能力，而非门第。换句话说，别人以门第为荣；而对林氏来说，林氏风骨就是门第。虽然许多门第看上去显眼，但却易碎。家风虽然没有实体，可一旦形成，却不会轻易衰败。

三、临乱有气节

和其他仗着门第高就耀武扬威的人打打嘴仗，只是林蕴才气风骨的小小展露而已。真正让他在历史上留名的，是他的忠直之魂。

每遇国难之时，总有人挺身而出，死不屈节。林蕴就是这样一个人。

安史之乱后，唐代地方藩镇割据严重。林蕴曾受西川节度使韦皋征召，在他手下做推官。韦皋素有名望，林蕴对他很是认可。当时任西川支度副使的是刘辟。令人心痛的是，林蕴到了西川，韦皋就病死了。这时的刘辟，成了西川实际上的掌权者，他希望坐上韦皋曾经的位置。刘辟整顿了兵马，要求朝廷下诏任命，同时还要把本不归西川节度使管辖的剑南东川和山南西道都划给他。朝廷当然不答应，预谋已久的刘辟在805年反唐。

刘辟把朝廷当软柿子捏，可他万万没想到，自己手下有一块啃不动的硬骨头。

刘辟谋反，林蕴被困。在林蕴眼里，和平定西南、安定各族人民的韦皋比起来，刘辟只是个志有余而才不足的跳梁小丑。林蕴数次直言进谏，劝阻刘辟。他告诉刘辟，谋反不仅会背上不忠不孝的罪名，还会不得好死。刘辟十分生气，将林蕴打进监牢，架上枷锁，预备杀之以泄愤。眼见将死，林蕴气骨不减，怒发冲冠，朝刘辟大喊道："危邦不入，乱邦不居，忠直而死是我的福气。"刘辟一听，反倒觉得他是个人才。又想继续劝降他，于是将他关起来，又让手下用刀背磨其脖颈。林蕴张嘴就骂道："死就死，我这脖子难道还要被你这样的顽奴磨来磨去？"刘辟竟不再动心思杀他，无奈将他放到唐昌（今四川崇宁）做了个小官。

不到一年，刘辟就在左右夹击中战败了。被擒往长安的时候，刘辟还一路叫嚣不止。可见，林蕴说他气有余而才不足，是没错的。

经此一乱，林蕴名震京师，可谓是士林偶像。对刘辟的直谏和抗争，是林蕴风骨树立的关键一步。

这就是唐代的林披父子，遥远的林氏先祖。据林则徐记载，宋代进士林高德为林披后人，再传十世便到了清代林家。先祖虽然遥远，但他们形成的林氏家风却影响着家族未来的走向。

第二节　落魄与等待：星星之火

虽然林家一向以“累传皆儒业”自许，但真实的情况是，林家自清朝立国以来，就没人考中过进士。在科举的王国里，考中的人是相似的——春风得意马蹄疾。而对没考中的人来说，他们则各有各的不幸。

一、进士是什么

自隋唐开科取士以来，考中进士就是士子读书的最高目标之一。而士子们参加的最高考试，就是会试。在清代，会试一般在二三月份进行，四月份放榜。当然，在此之前，士子必须要参加并通过乡试。整个清代，福建通过乡试成为举人的，一共有9900多人。他们跋山涉水参加会试，最终有1400多人成为进士。

那么，落第之人的命运如何呢？

一是不受社会礼遇。在清代，人们对科举考试十分看重。一个人如果十五岁了还没参加基础的乡试，就会被认为不是读书科举之才。而如果到了二十岁还没通过乡试，就会被乡里人嫌弃。

二是不受亲朋待见。林则徐的好朋友、官至两江总督的陶澍甚至还有落第丢妻的惨痛经历。

陶澍年轻时，多次参加科举考试都没中举。因家里贫穷，他就在外教书授徒，但家里仍然经常缺米少盐。一天，妻子流着泪对陶澍说："家里贫穷至此，我不能跟你一起饿死呀。为了将来，你把妾卖了，先将就着过日子吧。"陶澍大笑道："你见识真短，我只是暂时还没交大运而已。算命的说了，将来我必官居一品。你就暂且忍一忍，咱们总有好日子过的。"妻子说："既然如此，你将来有大富贵，自然也有陪你一起享受大富贵的人。但我不敢想象能等到那天，你就赶快写和离书吧。"陶澍再三劝留，也未能留住妻子，无奈只得写下和离书。妻子没多久就改嫁了。陶澍还得了一个外号，叫"陶阿二"。

可见，"不读书登第，不足以保妻子"这句话，不是空穴来风。

对一般家庭来说，如果一个读书子弟屡次不中，那么他平日读书和用在科举考试上的消耗就是一个无底洞。因此，落第之人，还有一个必须承受的处境就是：穷。

林家先祖居于莆田，后来林则徐五代祖林学弢将林家迁至省会福州。他们一直秉承着读书科举考试的理念，希望有朝一日能进入仕途。但是，终其一生，也未能获得功名。

林学弢、林启宷父子，从未获得任何功名。

林启宷有子林廷癸，一鼓作气，读到了福州府廪生，论级别就是郡庠生。换句话说，就是在府学获得了读书求学的资格。至于科举考试功名，还差得很远。

林廷癸第五子林正澄，也就是林则徐的祖父，亦是苦读诗书，最终也是闽县廪生，在“级别”上，要比父亲林廷癸更低。

林正澄第四子林宾日，也就是林则徐的父亲，多次参加乡试，皆未能中举，只在五十岁时才考取岁贡生。岁贡生一般是朝廷用来恩赏年龄较大的读书人的策略。因此，林宾日也只能算廪生。

如果没中举，出路在哪里呢?

一般来说，家庭负担不大的，可以坚持继续攻读，毕竟家里有经济来源。但如果家庭财力不允许，就得“教读”，也就是在社学、乡校、私塾等类型的学校当老师。不过，教读的收入并不高。陶澍当年未中举，也是教读养家，但仍入不敷出。如果不做教师，也可以在官府衙门做一些文书工作，当个师爷或幕僚。林则徐在中举之前不仅教过书，也做过幕僚。

林家一开始并不存在财政危机。乾隆二十三年（1758年），林廷癸之妻胡氏主持林家分家，包括林正澄在内的五兄弟均分财产。林正澄得到的财产是：“稻谷三十挑，住屋数间，另有书田十担。”那么，再往上推，可以大略估算，林廷癸年轻时家里至少房产二十间左右，书田也有五十担。也就是说，正当康乾盛世时，林家至少也是个不愁吃穿的“地主”之家。林廷癸虽然只是郡庠生，但家里还能供得起。

不过，随着康乾盛世走向尾声，外面世界的浪潮愈加汹涌。当时一般家庭的情况就变成了“富户变贫户，贫户变饿者”。对多子家庭来说，从富到贫，再从贫到饿，中间只隔了一个娶妻和分家的距离。

二、穷病相摧残

林正澄（又名林万选），是林廷癸第五子。分家的时候，林正澄得了一些财产。不过，这也架不住接二连三来到世界上的五个儿子。一来他还想再考两次，万一中了呢？二来再过一些年，几个儿子都要娶妻生子，先要聘礼，后要分家，实在是拿不出钱呀。分家之后，母亲胡氏亦由林正澄赡养。林正澄第一次意识到，当家做主可能比预想中的要困难得多。

最初，林正澄坚持了一段时间，试图兼顾。但很快，林正澄就不得不妥协。林正澄决定和族叔一道，去外地游幕教书，希望能解决家里的经济问题。

林正澄清楚，自己势单力薄，但几个儿子已经长大可以出去谋生。因此，在离家之前，林正澄特意嘱咐他们，出门各自谋生，自食其力。妻子胡氏则在家里操持家业。

前面说了，科举不中，有当幕僚和做教师两个选择。林正澄既做过幕僚，也当过老师。所谓游幕，说得好听点，就是去留在自己。说得难听，则是去留在上司。不过，游幕也有几个好处：一是游幕一般从事文书工作，在一定程度能保全读书人的尊严，乃至继续读书做学问。二是上司一般是各地任职的官员，在幕中有一定机会接触一些名流，扩大关系圈。三是游幕有机会协助处理政事，积累经验。如果跟对了人，可能一跃从幕僚升级为正式官职。当然，最重要的是游幕也有一定的收入。

我们不知道林正澄到底换了几位上司，去过几个地方。我们只知道，他的游幕经历并不稳定，后来又做回了乡村教师。

当时有一位叫刘大鹏的商人，经商失败后，转行做了教师。他向人哭诉：“所教童子五六人，每人送束脩钱一千六百文，一年所得不满十千钱，糊口亦不够，何能养家乎？真苦之至也。”刘大鹏离家较近，而且工作比较稳定。但刘大鹏带的学生少，一年只有五六个。十千钱，相当于十两银子，这是正常收入。不过，刘大鹏运气比较好，一个非常富有的东家，一年给了他一百两银子。所以刘大鹏十分感慨：“工资低的老师到处都是，只有我运气好遇到了好东家。”

林正澄在山东教过几年书，山东有没有这样的好东家呢？答案是有的。

当时山东稍有规模的义学，任职其中的教师一年大约有四五十两银子的收入。作为县廪生，又是没什么门道的外地人，林正澄进不了这样的义学。

所以，刘大鹏遇到好东家之前的情况就是林正澄讲学的真实情况。而一生绝意于科场的吴敬梓在《儒林外史》中比较客观地记录了当时山东普通教师的收入。山东兖州府汶上县薛家集村，村民们合力邀请塾师给孩子启蒙，拿出的薪水是一年十二两银子。这样的工作，林正澄做得最多。

工资并不是一次性支付，而是分批发放，一般是每月支付或者节日发放。原因是在清朝大多数塾师都做不长久，经常更换地方。万一钱给了，人跑了，钱损失了不说，孩子也没法继续上学了。另外，一般民众也无力一次性拿出十几两银子。不巧的是，林正澄作为外乡人，在本地人看来，“跑路”的概率要大得多。

于是，林正澄就陷入了恶性循环。既拿不到高工资，又无法一次性拿到全工资，为此不得不常年往返于山东与河南两地。而在解决了自己基本的衣食住行之后，能寄回家的银两，几乎是零。

无数次在风尘中回首南望，林正澄无比清楚，家就在遥远的那头。可是，何时归家，他不知道。也许，他心里还怀着有朝一日荣耀而归的梦想。

过了几年，命运终于向林正澄宣判，他的游幕和讲学都失败了。

外出没多久，大儿子林天木结婚，聘礼和其他花销都是借的高利贷。为了糊口，林天木也开始外出讲学。但已经长大的几兄弟，吃穿费用越来越大。

母亲常年在家操持，因为劳累过度，没多久就离开了人世。四儿子林宾日常年侍奉母亲，孝顺至极，但年幼的他扛不动这座沉重的大山。没多久，他就亲眼看着弟弟林天裕在病榻上离开了人世。

林正澄身无一物地回到福建老家。他茫然、震惊地发现，比起当年自己离开的时候，这个家更加支离破碎了。他还没来得及消化妻儿去世的悲痛，就迎来了一波接一波的高利贷债主的催逼。为了还债，林正澄将家里的房屋和田产尽数典卖。不过，仍有数百两欠债无法归还。而后，二儿子林天轩又要娶妻，又借了不少高利贷。

林正澄很快就在内疚、愁苦和贫穷中病倒了。不到一年，他也离开了人世。他带走了那个遥远的、模糊的进士之梦，留下了眼前的、清晰的高利贷债务。

这一年，林则徐的父亲林宾日二十七岁，尚未娶妻。

三、晚发蒙早用功

林宾日（1749—1827），又名天翰，字孟养，号旸谷，林正澄第四子。父亲仓皇而归，仓猝而去，他用双肩扛起了家庭重担。

童年的林宾日也曾短暂享受过父亲的抱膝之欢，不过，随着父亲落第外出，这些都被贫穷的生活给消磨了。自幼，林宾日就不止一次听父亲说过，林家世代儒业，绝不能断。林宾日也知道，读书的确是最好的出路。

渐渐长大的林宾日发现，读书虽是一条好出路，但贫穷却是一只凶猛的拦路虎。一方面，母亲日夜操劳，他要分担劳务；另一方面，家里实在是太穷了，根本拿不出聘请老师的束脩。

十三岁之前，林宾日没进过正规私塾的大门。但在正式进入学堂之前，林宾日抚膺呐喊："男儿当自奋发，岂甘以贫废学耶？"他把这话当作座右铭鼓励自己。

十三岁发蒙，已不是落后在起跑线上，而是被一般的同龄人甩了好几圈。父亲林正澄是读过书的，本来可以教自己启蒙，但他常年在外，所以连启蒙都耽误了。刚入学那段时间，林宾日处境十分尴尬。有时一篇文章在手，他连字都不认识，更不用说疏通文义了。自然遭到了同学们的嘲笑。

林宾日知道，机会来之不易。读书当然不是为了不被同学嘲笑，而是为了那个远大的梦想。自入学起，他就加倍努力，通宵苦读也就成了常例。苦读的效果十分明显，没过多久，老师考校学生文章。拿到文章后，老师发现这个入学才不到一个月的男孩儿表现竟是如此出众。此后，再也没有同学嘲笑林宾日了。而老师对他的关注也从“十三岁才读书”变成了“才学俱佳”。

在此期间，母亲和弟弟相继去世，欠债日多。林宾日更加珍惜就读机会，可以说是在“半工半读”中度过了十多年。

成年以后，林宾日开始和诸多志同道合的才士们交往。他们经常在一起讨论学业，互相砥砺。他还和朋友们组建了敦社、诚交社和绵充山堂等，他们更多关注经世致用之学，希望所学有朝一日能有所用。随着交游日广，林宾日逐渐有了名声，成为远近闻名的大才子。

长期苦读，使林宾日在学业上进步显著。第一次参加考试，忽遭母亲去世，他只得放弃。此后，他继续熬夜苦读，久而久之，竟患了眼疾。1778年，也就是婚后第二年，二十九岁的林宾日参加县试，毫无悬念拔得头筹，成为秀才。第二年，林宾日被遴选为廪生。虽然离中举还有很远的路，但他已经可以眺望比祖父和父亲更远的地方了。

乾隆四十五年（1780年），窦东皋担任福建主考官，预备发掘优秀人才。林宾日参加乡试。前两场考试结束后，窦东皋在繁芜的诸生试卷中一眼看中了林宾日的文章，毫不吝惜地写下“理境澄澈”四字评语。到第三场考试结束后，窦东皋迫不及待想要查看林宾日的试卷，但左翻右翻却是不见。后来才得知，第三场考试时，林宾日眼疾复发，目不能视，忍着大恸含泪放弃了这次考试。窦东皋叹息良久。不过，这次意外倒也没有过度打击林宾日，毕竟他知道自己才华几何。林宾日继续苦读，准备下次考试。

随后，朱筠（朱笥河）任福建督学。朱筠曾监福建乡试，对人才极为重视。任督学期间，朱筠列专栏《劝学篇》以鼓励好学之士，林宾日之文每每被选中，为诸生之最。

在师友眼中，林宾日既然能被窦东皋和朱筠看重，那么一举通过乡试，进一步通过会试成为进士，也就指日可待了。

此后，林宾日以廪生身份开始了教书生涯。

此后大半生，林宾日皆以教读度日。

乾隆五十三年（1788年）、五十四年（1789年），林宾日先后两次参加乡试，文章皆可观，皆因目疾而不得终考。就这样，林宾日屡屡与中举失之交臂，他终于决定将之深埋于心底。终其一生，林宾日也未再参加过乡试。

四、迟来的岁贡生

十三岁以前，林宾日以侍奉母亲为主。十三岁到二十八岁，林宾日以读书为主。二十八岁以后，林宾日以教书为业。林宾日最初在罗氏私塾教书，后来在文笔书院和将乐正学书院教书。林宾日既教学生，也教儿子。

林宾日教儿子，有两招，一是“假公济私”，二是“揠苗助长”。

先看“假公济私”。因为父亲常年不在家，加之家贫，林宾日幼年无法读书求学。林宾日以幼年失教为人生一大憾事，所以他打定主意，不能让这样的事情发生在儿子身上。为此，林宾日找到了最好的办法——把儿子带到塾馆“蹭课”。乾隆五十三年（1788年），罗氏家塾延聘林宾日为塾馆教师，这年林则徐四岁。自入职的第一天起，林宾日每日都把林则徐抱到塾馆。

林宾日给罗家孩子讲课的时候，就把林则徐放在自己腿上，让他一起听。更多的时候，林宾日索性将章句口授给林则徐，让林则徐自习。教着教着，林宾日发现，林则徐天分极高。既然如此，那自己这个儿子是不能按常规办法教育了。

再看“揠苗助长”。发现林则徐天分出众之后，林宾日在林则徐七岁时，就自作主张，决定教他写文章。按一般读书分年日程，孩童八岁之前只能读《性理字训》一类的启蒙读物，八到十五岁之间以学习儒家经典为主。只有通读了历代重要经典和大家文章之后，才能开始学做文章。可见，对寻常孩童而言，七岁学做文章，实在是太早了。

有师友质疑林宾日操之过急，甚至有人觉得林宾日此举纯粹是为了弥补幼年创伤，林宾日淡淡解释道：“我儿子很聪明，读书经常有新发现，若我不好好引导，又阻止不了他越读越多，就怕他误入歧途。没办法，只好教他写文章。这不是早，而是因材施教呀。”

事实证明，林宾日这两招效果极好。七年之后（1797年），林则徐参加府试，成为秀才。

嘉庆九年（1804年），林则徐参加乡试，中举成为举人。一时间，林家数代科考失败的阴霾都被驱散。见证了林宾日教育儿子的同乡们，是这样赞扬林则徐的：

> 甲子榜一个林则徐竟是福州一活宝。
>
> 林元抚（林则徐）诸般都会，真是活宝，定为出色翰林。

1805年，林宾日赴将乐县正学书院任主讲。林宾日“如法炮制”，将不到十岁的二儿子林霈霖带到书院就学。林宾日将当年教林则徐那一套办法，如数用到了林霈霖身上。

林宾日教学生，自有其独特方法。

一次，有人向林宾日请教教育之法。林宾日告诉他们，孩童的教育对人的一生最重要。而孩童教育，只需要做到两点，必然成才。

人家问道："哪两点呢？"

林宾日回答："廉耻之心和天真之性。"

后来，林宾日执教书院，基本上按照朱熹的分年读书法安排课程。在具体科目中，林宾日尤其喜欢以经史为重，这与当时福建经世致用的风气和他自己的兴趣分不开。

那么，林宾日和学生相处得如何呢？

林则徐清楚地记得，将乐县正学书院的学生多次强烈要求官府给父亲立像。明清以来，无论是官方书院还是民间书院，都只给那些为书院发展做出了极大贡献的人和重要的先贤圣哲立像。除了孔子，一般就是朱熹、王阳明这样的大儒。为什么正学书院非要给林宾日这样一个普通的廪生立像？

这一切都要从正学书院的衰落和复兴说起。

明万历三十年（1602年），正学书院建立，当时名为五经书院。不过，明清之际，战火纷飞，五经书院也被毁坏得只剩残垣断壁。乾隆十七年（1752年），将乐知县靳汉文召集乡绅募捐，重修书院，并更名为正学书院。有一段时间，在靳汉文的重视下，正学书院引领了一股读书风气。不过，到嘉庆年间，正学书院已然衰落，既无名师，亦无高徒。这样，书院几乎衰落为当地的摆设。

嘉庆十年（1805年），林宾日接受聘请，担任正学书院院长，开始全面主持书院工作。这个建立了二百多年的书院，重新焕发了生机。

林宾日心暖面善，几乎没人见过他发脾气。由于其读书日程安排科学，又注重因材施教，所以他讲课总是不急不躁，循循善诱，不激不厉。一向得不到好老师教的学生忽然发现，林宾日老师每次一出现，就如春风拂面。这种天然的亲和力，使得学生愈学愈佳。

每到讲授经史的时候，林宾日总是身体力行，多讲实际例子，绝不弯弯绕绕。面对听不明白的学生，林宾日就极有耐心地启发开导，直到他们真正领悟为止。

遇到笨拙调皮的学生，林宾日也从不体罚。至于动辄鞭笞捶挞的那套做法，林宾日从来不做。就算是被学生气到极点，林宾日也绝少呵斥他们。

林宾日主持正学书院后，收入略有增加，但也只是勉强能糊口。不过，正是由于自己的亲身经历，他很清楚一些贫穷的年轻学生最需要的是什么。除了尊严，再就是经济。好多次，林宾日都找到那些无钱参加科考的学生，把自己的薪水递给他们，千叮咛万嘱咐：不要放弃。

久而久之，林宾日教出的学生，前后有几十名，或通过乡试成为举人，或通过会试成为进士。

久而久之，学生们对林宾日就愈加尊敬。而对学生和书院而言，表达尊敬的最好方式，就是立像。然而，当他们把这个想法告诉林宾日的时候，林宾日严词拒绝了。但是学生们不放弃，屡次提请，林宾日则坚决不受。最后，立像的事情不了了之。

嘉庆二年（1797年），林则徐应府试，成为秀才，四十八岁的林宾日受恩赏，被选为岁贡生。

所谓“岁贡生”，又被戏称为“挨贡生”。什么叫“挨”？就是能拖。简单来说，在满足朝廷规定的道德文章基本条件外，还要能活，而且是比较健康地活着。朝廷每年会给乡、县的落第书生一个岁贡生的名分，相当于中举了。一般来说，岁贡生是从上了年纪的廪生中遴选。说白了，这是一个“安慰奖”。

林宾日不悲不喜，他很明白，离开科场多年以后，心中那未满的心愿，已经实现了大半。

第三节　家风初育：仁爱淡泊

风，能化物。家风，能育人。一个人能否成才，能成什么样的才，往往可以从他的家庭那里找到答案。

我们的目光穿越历史的光晕，聚焦于那个已然被尘埃遮挡的王朝。移向国土的东南，在福州左营司巷的一幢小破屋里，一盏微弱的油灯，带着欢声笑语，划破了阴霾。

林氏家风的孕育，正是在这里生成。

一、相敬如宾之爱：适我愿兮

离林家不远，有一个大家族，户主名叫陈时庵，虽未曾中举，却是一位很有名望的宿儒。陈家合族而居，也算是文儒之家。陈时庵的主业是讲学，门下学生众多，在当地颇有名望。

陈时庵挑选女婿，很有讲究。他不重财，而重才。大女儿，陈时庵把她许给了一个举人，这个举人后来做了武平县教谕。二女儿，名叫陈帙。陈帙才十来岁的时候，陈时庵就开始为其择婿。但看来看去，都不满意。直到有一天，他从众多文章中翻出一个名字——林宾日。

要说陈时庵也够“草率”，才看完文章，他就找到林宾日，对林宾日说：“我女儿，你娶。”

林宾日答应了。

此后多年里，陈帙通过父亲读了许多林宾日的文章。这个长于经史、交友众多、与人和善的男子，还未谋面就敲开了她的心扉。

多少个日夜里，陈帙有时读读文章，有时做做女红。还未出阁的她，已经开始怜惜夫家了，恨不得早生双翅，飞到林宾日身边，与他一道分担生活痛苦，与他一道分享成功喜悦。

这个时候的林宾日，痛苦多于欢乐。

办完父亲林正澄的后事，林家已经彻底宣告破产了。身无分文，扛着一身的债，二十八岁的林宾日来到了陈家门前对陈帙说：“还嫁吗？”

陈帙坚定地说：“嫁！”

二、才华人品之爱：青青子衿

林宾日和陈帙结婚的时候，他虽然已有不小的才名，但还没考取廪生。新婚不久，陈帙就毫不犹豫地支持他参加县试。

1778年，林宾日参加县试，不出意外地拔得头筹，成为廪生。

由于父债全部压在自己身上，家里房田也基本变卖一空。林宾日成为廪生之后第一件事就是外出教书，赚钱还债。这段时间，夫妻二人常常是吃了上顿愁下顿。年轻的陈帙有时饿得不行，也不忍心告诉林宾日。其实，林宾日何尝不清楚呢。于是，他更加努力工作。

在省吃俭用下，林宾日终于在左营司巷典下了一套小房子。夫妻二人找到了归宿感和安全感，感情也逐渐升温。于是，在这个狭窄的小屋子里，林则徐兄妹相继出世。林则徐共有兄弟三人，姐妹八人，皆同一母所生。

孩子众多，就意味着吃饭的嘴越多。面对困境，夫妻俩没有埋怨和放弃。林宾日也没有像父亲那样远离家乡，而是就近寻找工作。

作为女性，陈帙有两个爱好。一是好诗文，并因此而爱上了林宾日。二是善女红，所以她以自己的双手和林宾日一起支撑起了这个家。

清代福建女性梳妆做髻，必须簪花，每到节气，必簪新花，以祈吉祥。这些花，就是一种叫象生花（也叫像生花）的假花，以女红做出。像福州这样的城市，市上不仅有专卖象生花的小贩，也有专门的铺面。象生花类别众多，最常见的是绒花、绸花和草花等，花中的花朵、叶子、花萼等都必须先做出来。再上一层，除了枝叶还可以做出树木、云朵等其他形状。当然，也可以做出很多种花色来。做象生花，工序包括线扎、添蜡、松胶固定和铜丝贯穿等。象生花市场一般从早上开到下午，所以天还没亮，就要把做好的象生花用竹篦盛好，挑到市上。一开市，刚吃过早餐的商家就来选花。商家对象生花进行评级，评好级，再按照级别付钱。品级最好的为正一品花，卖得也是最好的。

冬至前后，象生花交易最热闹，卖得也最好。所以，每到这个节气，一般女性都是晚上做象生花，白天再拿出去卖。可以说，有十个女子做象生花，就有十个女子被寒夜冻伤。毕竟，有钱又能取暖的家庭，他们的女眷才是购买和佩戴象生花的主要人群。

陈帙自幼在阁中就十分擅长女红。除了简单的草木之状，陈帙还能做出一株完整的树，枝叶繁茂，根茎充实，几可乱真。一株株象生花，在陈帙手下焕发出蓬勃的生机。毫无疑问，陈帙手下的象生花，是正一品花，自然卖得又快又好。一年下来，陈帙的象生花竟能卖十多两银子。这些收入，加上林宾日教书所得和廪生的补贴，让这个家逐渐变得不那么拮据。渐渐地，几个女儿也学会了做象生花的手艺，象生花越做越精巧。

林则徐自记事起，就过着这样的日子：早上和父亲去塾馆读书，晚上回家之后，一家人围坐于短几之旁，男子读书，女子做女红。每到天寒夜永，破屋三椽，屋内一只昏黄的孤灯，照耀着一家数口。而在屋外，则是北风呼啸。久而久之，陈帙手上不可避免地长出了老茧，冻得皮肤皴裂。

有时候，子女们读书做女红累了、困了，林宾日和陈帙偶尔抬头互相对望，彼此眼里却尽是温柔。

而这，则成了林则徐一生最幸福的日子之一。戎马倥偬之际，历经人生宦海百态的林则徐，每每回忆起这一段生活，都十分感慨：

> 呜呼！此情此景宛若昨日，而孰知不可再得耶？

后来，林宾日执掌正学书院，陈帙一人在家操持家业，任劳任怨。多年以后，林则徐做到御史一职，陈帙已然上了年纪，仍是没丢下女红。

道光元年（1821年），林则徐接父母来杭州。但林宾日性不喜舟车劳顿，加上要在家主持文会。生平极少离开林宾日的陈帙一个人来到杭州。才不到半年，陈帙得到家书，知道林宾日患病，立刻返回福建。

陈帙却有自己的小骄傲，她告诉林则徐："是你父亲不想和我分开哟。"毕竟，陈帙一离开，林宾日就病了。陈帙一回家，林宾日就好了。在人生的最后几年里，陈帙再也没有离开过林宾日。

从陈时庵相中林宾日的那天起，林宾日和陈帙，都为彼此，成就了爱情和生活。

多年下来，林宾日和陈帙为儿女也都找到了彼此最好的另一半。长子林则徐娶妻郑淑卿，那是另一段佳话。次子林霈霖娶妻举人李鸿诗之女，长女嫁太学生邓学汶，次女嫁处士翁崇起，三女嫁举人李铭经，四女嫁职员陈颖钊，五女嫁太学生程立爱，六女嫁福州府学生沈廷枫，七女嫁漳平县学生陈嘉勋，八女嫁闽县学生叶预昌。

这才是"青青子衿，悠悠我心"。琴瑟和鸣，也是林氏家风的重要内容。

林则徐和妻子郑淑卿相敬如宾，互相扶持，林则徐戏称妻子为山妻；林则徐大女儿嫁与刘齐衔，扶持刘齐衔"修学校，清交代，勘垦荒"；次女林普晴和女婿沈葆桢抗击太平军，生死与共；林则徐玄孙女林子东和丈夫在抗日战争的硝烟中结为夫妻；林则徐玄孙凌青和妻子在新中国诞生之际结为夫妻，与共和国一同成长，参加了20世纪新中国几乎所有最重要的外交活动，成为名副其实的"伉俪大使"。

三、由己及人之爱：爱人爱民

父亲在外游宦多年，是母亲亡故的一个原因。所以林宾日从不离家太远，为的是能常在陈帙身旁，不让陈帙一人吃苦受累。林宾日自己幼年失教，所以他不想让儿女遭受同样的命运。于是，林宾日一直将儿子带在身边，亲自教导。

就算在最艰难困苦的日子里，林宾日夫妇也从未忘记对这个世界报之以温柔。有一次，林宾日渡河，见河边有人无力安葬自己刚死去的父亲而哭泣，林宾日就把随身带的钱物全都拿给了那人。在书院，林宾日也同样经常资助贫困学子。

林则徐自记事起，就知道家里困难。看到母亲操劳，就主动提出分担一些活儿。有时候，家里饭不够吃了，林则徐就故意不吃，让母亲多吃。陈帙这时却正色说道："大丈夫要有远大的志向，不要以为做了这些琐事就是孝顺了。你将来科考成功，不辜负父亲的教育和我的苦心，那才是真的孝顺。"

林则徐把母亲的话记在心里，不过，平时林则徐仍努力做一些力所能及的事情。林则徐上学时间和卖象生花的时间基本一致，所以林则徐早上出门就把象生花带出去寄卖，晚上把钱取回家。

后来，林则徐步入仕途，家境稍丰。陈帙跟着林则徐住的那段时间，本来家里有婢女丫鬟，但陈帙仍然事事亲为，既不让大家费钱准备美食，也不准儿子儿媳为自己买稍好一点儿的衣服。陈帙经常说："一辈子到底能享受多少福气呢？哪能全部占有？就算只拿一点点财物出来周济困难的亲朋，也很好呀。"所以，林则徐经常见到母亲帮助很多亲戚。这些钱物，都是陈帙省吃俭用，一点一点攒下来的。

林则徐曾经问母亲，为何如此。陈帙说："当你觉得发生在别人身上的困难如同发生在自己身上时，你就不会不管不问了。"林则徐总算明白，为什么父母成婚之后，母亲从未有过半句牢骚怨言。当然，在认识了好朋友陶澍之后，他对这点体会就更深了。

林宾日为人处世有一个重要原则，就是“不妄与一事，不妄取一钱”。当时的文武童试名额是由廪生推举，素有名望的林宾日推荐的学生往往十分优秀。为此，就有人找到林宾日，许以重金，希望他能帮忙推举一个名额。林宾日心中早已打定了主意，但还是问道：“为何不找其他人而找我？”对方答道：“因为您说话很令人信服，只要被您推荐，就不会被质疑了。”林宾日拒绝了对方，对方又坚持，林宾日又拒绝，如此反复多次，对方才悻悻离开。

还有一次，有一“豪猾”人家，以重金邀请林宾日为其子弟教书。林宾日知道他们平素的所作所为，所以坚决不受。知道林家状况的人都很惊讶。不过没多久，这家人因犯事败露而被查，大家就更佩服林宾日的眼光了。其实，就算是他们没有东窗事发，林宾日也绝不会和他们往来的。要知道，林宾日的朋友都是铁骨铮铮林雨化、学术大师陈寿祺等优秀人物。

嘉庆二十一年（1816年），林则徐担任江西乡试副考官。首先遇到的，不是学生们辛苦写出来的试卷，而是地方官场的迎来送往。自一进江西，地方官就准备了八抬肩舆，林则徐坚决不坐，他们又改成四抬，林则徐无奈只得接受。结果到第二天，他们又换成了八抬肩舆。因要赶往考场，根本来不及更换，林则徐只好坐了。当时临近中秋，节日氛围尤浓，地方官以各种理由，连番开设酒席，邀请林则徐参加。这两件事，林则徐都在日记中记了下来。对坐肩舆，林则徐觉得十分惭愧。而对这些酒席，林则徐觉得实在铺张浪费。要知道，自己母亲省吃俭用一年也攒不下多少银两，还要拿去周济亲朋，而在官场上，这些巨大的浪费实在是令人心痛！

林则徐不敢忘记监考乡试的目的，那是为国家选择人才。而在赴赣之前，父亲曾反复叮嘱：“对学生的文章，不要凭第一印象下断语，一定要反复衡量。至于考生试卷，不论阅过还是没阅过，都应做好记号。”毫无疑问，林宾日非常清楚，一场考试必然会决定很多人一生的命运。

从八月初到九月初，林则徐和主考官吴其彦通力合作，一共录取了一百多人。当时乡试考生的卷子，分为“已荐”和“未荐”两类，前者是下级官员推荐的，后者则是下级官员主张不选的。针对这两类，林则徐都逐篇逐卷评阅，做上记号，以备复查。做完这项工作，已是八月下旬。九月上旬，林则徐害怕优秀人才落选，又花了六个昼夜，重新核查这些试卷。前后一共九千多份，每份卷子都有评语，字数多的有数百字。而在复查之后，林则徐又从中挑出一个名叫周仲墀的学生，发现他三场试卷都答得“瑰伟宏丽”。不仅如此，他还发现前五名中，竟有雷同卷，于是赶忙剔除。九九重阳节，发榜之后，二人出门拜客，顺便“偷听”民间对这次取士的评价。没多久，他们就发现，这次中榜的学生中，以清贫的优秀人才居多。大伙儿给这个榜取了个雅号，叫“清榜”。“清”，既是榜单以清贫学子居多，也是榜单清清白白没有污点。再一打听，原来这个周仲墀幼承家学，素有才名。林则徐暗暗心惊，幸好重新核查，否则就是误了好学生。

七年之后，周仲墀中进士，一跃成为文坛大家。当时找他索求诗文的人，络绎不绝。由于志趣相投，周仲墀很快加入了林则徐等人组织的“消寒诗社”，并和龚自珍、魏源成为好友。周仲墀入职之后，朝廷文诰多出其手。此后，周仲墀担任浙江绍兴知府，主持大修了当地的三江闸，惠及万民。他为官清廉，甚过常人，去世的时候家无存银，连丧葬费几乎拿不出。若非林则徐，这位新星很可能就此湮灭，或者晚很多年才会绽放。回想父亲执教正学书院时将所剩无几的薪酬拿去资助学生赶考，林则徐并不觉得自己做了什么特别的事情。

这次担任副考官，时间从中秋节一直持续到重阳节，林则徐的所作所为只是在父母影响下的一个缩影。而从政之后，林则徐“任事而不牟利”的清廉显然也是来自父母之教。

由于地位所限，林宾日夫妻只能影响小部分人。而林则徐，则把这种深沉的仁爱辐射到了一个广大的世界。

四、淡泊逍遥之风：梅妻鹤子

人生一世，有穷有达。当穷达之时，一个人如何自处，最能显示出其气质。天纵诗才李白，得意时是“仰天大笑出门去，我辈岂是蓬蒿人”，失意时是“抽刀断水水更流，举杯消愁愁更愁”。任性而来，任性而去，其实是喜则极喜，痛则极痛，难以调和。而在苏轼那里，却是“莫听穿林打叶声，何妨吟啸且徐行。竹杖芒鞋轻胜马，谁怕？一蓑烟雨任平生”。又是另一种人生态度了。

林宾日最仰慕的人既不是李白，也不是苏轼。而是另外两个人，一个是唐代大诗人白居易，一个是宋代高士林逋。

白居易信奉“穷则独善其身，达则兼济天下”，所以为官时努力为民，大量创作关心民事的诗作，以期改变时政。如《卖炭翁》，至今仍振聋发聩。不在官位时，又能自得闲适，悠游自处，于是洛社诞生了，于是闲适诗出现了。

自第三次科考失败后，林宾日就无心再进考场，只是专心教书，希望能多培养一些优秀的人才。嘉庆十一年（1806年），已成为岁贡生的林宾日更加恬然自得。想起白居易退居洛阳组织洛社的雅事，林宾日立刻就和好友们组织了真率会。真率会一个月聚会数次，每次聚会都是讨论文章，论及古今，舒适快哉。真率会，顾名思义，讲究真率，反对守旧和虚伪。所以，很少从他们嘴里听到传统的“之乎者也”之句。真率会有一位成员，叫林雨化，是林家同宗长辈，此人铁骨铮铮，为民请命，是林则徐从小的偶像。林则徐经常跟随父亲参加聚会，也得以面对面向这位偶像请教。真率会前后一直持续了二十年，足见林宾日是倾注了不少心血在里面的。

林逋隐居西湖，结庐孤山，二十年不入都市。只是种着一片梅花，养着两只白鹤，带着一个小童。林逋的鹤，尤其通人性。林逋一放手就飞上青天，盘旋高鸣。再一示意，它们就飞回笼中。如果有客人来访，又恰逢林逋不在，童子就把鹤笼打开。用不了多久，林逋就撑着小船带着鹤回来了。久而久之，“梅妻鹤子”就成了林逋等隐居高士的代称。林宾日对此十分向往。

组织真率会三年后，林宾日愈加享受这种闲适的生活，于是胸中酝酿已久的《饲鹤图》就自然而然出现在林宾日的画笔下。林宾日爱鹤，丝毫不亚于林逋。大儿子出生之后，林宾日就为他取名林鸣鹤，惜其早夭。在

《饲鹤图》中，林宾日端坐松树下，左右各有一只鹤，左鹤飞升在天，右鹤侍立在侧。也有人说，飞天之鹤，就是林则徐。侍立之鹤，就是林霈霖。这种说法固然有理，可如果将意象固化，却不是古画古诗的欣赏之法了。

林则徐身在官场，自不能像林逋那样逍遥自在。但受父亲影响，对林逋也十分倾心仰慕。1820年，林则徐在杭州专门让人重新修葺了林逋墓和林逋祠。林则徐在林逋祠上题柱联云："我忆家风负梅鹤，天教处士领湖山。"林则徐在孤山上补种梅树三百六十株，又买两只鹤养在孤山之上，请人照看。

道光四年（1824年）七月，陈帙去世。自妻离去之后，林宾日自觉时日不多。林宾日先将这些年执教正学书院所得薪酬和攒下的田产拿出一部分，分给几个女儿。林宾日明确告知儿女们，当年家穷，女儿陪嫁极少，这些是对她们的补偿。接着，林宾日立下《析产阄书》，将剩余财产分给儿子们。

道光七年（1827年）九月，林则徐在陕西迎父亲就养。九月二十六日，林宾日行至衢州府，卒，享年七十九岁。

自父亲逝后，林则徐就携《饲鹤图》，邀请好友名人为其题字。道光十六年（1836年），林则徐自绘《饲鹤第二图》，并邀请汤贻汾补景题诗。同年，林则徐同年登科好友程恩泽亦题诗《题林旸谷年丈饲鹤图遗照》。在诗中，程恩泽提到，林则徐出生前夕，林宾日"梦中亲见凤凰飞"，而这与南朝大才子徐陵出生时其母有梦相同。所以，林宾日为儿子起名林则徐。第二年，林则徐邀请吴荣光绘了《饲鹤第三图》。一直到林则徐去世，前后于《饲鹤图》卷上题诗咏词的人，多达六十五位。

《饲鹤图》至今仍传，一望而可知林宾日一生之风骨，亦可知自林宾日始，林家已养成淡泊的家风。

还有一个“素炒豆腐”的小故事，也很能体现自林宾日起就奠定的林氏淡泊仁爱的家风。据说，有一年春节，邻居听到林家欢声笑语。邻居十分好奇，这个贫寒的十二口之家，有什么高兴的事情？他们趴在墙头一看，原来是一家人正围着一盘素炒豆腐吃得高兴。而在不远处，平时只有一根灯芯的油灯，居然也破例添上了另一根灯芯，亮度比平时提高了不少。今天，这盏油灯还保存在福州林则徐纪念馆。而素炒豆腐，在林氏家风中就是：豆腐方方正正，素炒清清淡淡，做人堂堂正正，做事清清白白。林公后人今天仍然保留了在过年的时候吃素炒豆腐的习惯，为的正是不忘家风。因此，清花煤油灯和素炒豆腐也就成了林家的传家宝。

第二章

家风的充实：求师交友

从小处看，家风是一个家庭行为传统和精神风貌的集中呈现；从大处看，家风又是民族、社会和国家现实需求、价值导向和文化理念等的浓缩。林宾日夫妻奠定了林氏家风的基础，而林则徐则着眼于当时中国的现实矛盾和文化追求，将林家带入了一个更大的世界中。与世界和国家的对话，与师友们的相交相益，都进一步充实了林氏家风的内涵。

第一节　求师求友与明体达用

学识的积累与品格的养成，离不开师友的砥砺。师友的砥砺又促进了林氏家风的充实。林则徐的师友，要从鳌峰书院和三个人说起。

一、书院山长论经世

鳌峰书院，清代福建的最高学府，由教育家张伯行创办于1707年，是福建的“文薮”“学海”。好学校的标配，是好老师和好学生。书院历任山长有蔡璧、蔡世远、林枝春、朱仕琇、孟超然、郑光策、陈寿祺等，他们在学术和思想上皆有极高成就。而求学于此的“第一流人物”有官至刑部尚书且善于断案的陈若霖、“卓然当代伟人”的梁章钜、与龚自珍齐名的天才诗人张际亮、官至工部尚书且任曾国藩导师的廖鸿荃等。当然，其中还有林则徐。一般每年乡试，鳌峰书院中举者少则三四十人，多则五十人左右。而考中进士的，仅1796年至1805年十年间，就有五十多人。

自张伯行开始，鳌峰书院就确立了三个传统。一是传承和开创福建的优秀文化，二是资助好学生读好书，三是提倡经世致用。历来，人们都以为张伯行是程朱理学的拥趸，但实际上，张伯行教学尤其注重“践行”。他聘任的第一任山长蔡璧，就明确提出凡事要“躬行”，“空谈性命”那一套不能搞。此后，历任山长都提倡读书要经世致用，并且要立大志。其实，在洋务运动兴起之前，鳌峰书院就已经开启了注重实用和关注现实的风气了。

鳌峰书院于嘉庆三年（1798年）迎来了一位特殊的学生——14岁的“活宝”林则徐。这时的林则徐刚考中秀才。接下来的七年，林则徐将在书院度过一生中最重要的求学生涯。如果说，考中秀才之前的林则徐，是由父亲林宾日启蒙的。那么，从秀才到中举这段时间，则由鳌峰书院助其成才。而林氏家风的形成和巩固，也离不开这段岁月和这些师友。

求学书院期间，对林则徐影响最大的，首推山长郑光策。

郑光策爱读书，以《资治通鉴》《文献通考》《天下郡国利病书》这类明显经世之书为主。而历代文化名人中，他又尤其喜欢陆贽、李纲和顾炎武。

郑光策爱“怼人”，尤其爱“怼”那些于国有害、于民有害的高官。郑光策得罪最大的官，要数和珅。1784年，乾隆巡游江南，召福建、浙江考生在杭州敷文书院会试，郑光策等名士亦前去献赋。随乾隆南巡的，正是和珅。和珅此人有小心机，收卷子的时候故意坐在乾隆皇帝前方，所以每个学生交卷时都得屈膝下跪。见此狐假虎威行径，郑光策怒上心头。便约了数人，纳卷时只是长揖而退。由此，郑光策得罪了和珅。郑光策本就志不在仕途，所以潇洒回到乡里，继续教书。

1787年，陕甘总督福康安和福建巡抚徐嗣前往台湾镇压林爽文起义，经过泉州，专门邀请郑光策入幕，郑光策婉言拒绝，但向他们提交了十二条具体有效的建议。他摒除“造反的就是坏人”的观念，建议福康安改革田地，兴修水利。他还提出，最关键的是罢黜贪官污吏，提拔清廉官员。

一直以来，福建非常盛行“溺女之风”，即将女婴置于水容器中将其溺死。人们对这种“产男则相贺，产女则杀之”的风气都习以为常。宋代大儒朱熹的父亲朱松曾写过《戒杀子文》，其中提到“闽人不喜多子，以杀为常”。原因大概有二：一是重男轻女之风，寿宁在这方面尤其严重，但凡生女，通常都溺杀之。二是民众贫困难养，生了孩子尤其是女孩子，也就溺杀了。在那个愚昧落后的年代，极少有人试图杜绝或从根源上解决这个问题。但郑光策却不怕，他在福清书院和龙岩书院任教时，专门“力筹禁止”，溺女风气一时大为改善。郑光策的这种开明行为，既是对他经邦济世思想的践行，也是出于深沉的生命关怀。

从林宾日到林则徐生男养女的成就来看，林家对待男女后代都十分开明，这必然受过郑光策的影响。所以，林家后代中，有巨大成就且又传承了林氏家风的，男女子弟都有不少。

郑光策教书，先教立志。他教学生能进八股文，又要能出八股文。立志，是为了师长教和自己学都能有明确的方向和策略。能进八股文，是因为科举考试必须用到。能走出八股文，是因为还要为关注世界留一点眼光。

嘉庆二年（1797年）九月至嘉庆九年（1804年），郑光策受聘主讲于鳌峰书院。而这，正是林则徐求学书院之时。可以说，郑光策兴鳌峰书院学风之时，正是林则徐一生求学最盛之时。林则徐受郑光策影响极深，并尊称郑光策为“吾师”。郑光策对林则徐的影响，主要在读书和用世两方面。

郑光策教学生读书，以经史为主，他对当时的学风十分不满，明确提出“期学者力经史之学”①，这和林宾日不谋而合。林则徐说自己“学经兼学史”，正是父亲和郑光策引导的结果。鳌峰书院藏书极多，林则徐进入书院后，如鱼得水。从其读书札记《云左山房杂录》来看，林则徐博览群书，从儒家经典到朱熹、陆九渊和王阳明之作，从《史记》《汉书》到《老子》《庄子》，从历代诗文到野史笔记，从佛经医书到书法碑帖，无不涉及。为了科举或立身，当时人们读书更多注重程朱理学或考据索隐，所以林则徐这样的读书之法和同时代大异其趣。林则徐自己也明确说：“岂为功名始读书。”在读书过程中，林则徐摘录了诸多如“学者不患材不及而患志不立”（晋虞传语）、“博闻为馈贫之粮，贯一为拯乱之药”（刘勰）、“崇实行而不事虚名，秉公衷而不持偏见”（梁讳上宝奉直公楹帖）一类的名言警句，这表明林则徐的确遵行郑光策之教。

郑光策早年即有用世之心，他很早就随父亲郑存敦与林宾日等组成了“读书会”，是当时会中最年轻的成员。郑光策和大家一道，读书论经史，讲学求实践。只是郑光策时运不济，一是患了足疾，二是英年早逝。在执掌鳌峰书院的七年里，郑光策主要以经邦济世之学教学生。郑光策逝

① 《鳌峰书院志》卷5。

世后，这些言论由门人和女婿整理为《西霞文钞》，其中收录最多者，以教育和经世为主，即“经世有用之言”和“诲人不倦之旨”，涉及法制建设、水利垦田和海洋渔盐等。由于父亲林宾日是郑光策好友，加上自己好友梁章钜是郑光策女婿，林则徐不仅平时耳濡目染，也是最早接触《西霞文钞》的人之一。

重要的是，郑光策还意识到，时代不同则治理之法亦应顺时而变。遇到问题的时候，要当宽则宽，当严则严。后来林则徐禁烟，发现鸦片流毒全国，“断非常法所能防”，于是提出“审时势而权所重”。他说：“鸦片之贻害于内地，如病人经络之间为外邪恶缠扰，常药既不足以胜病，则攻破之峻剂，亦有时不能不用也。”所谓“峻剂”，也就是郑光策一贯赞同的乱世用重典。郑光策因时势而变的经世思想对林则徐影响可见一斑。

嘉庆二十四年（1819年），林则徐典云南乡试，立下严格标准。但凡见到试卷中有浮夸草率之言，一概不录用。然后，林则徐又接见学子，询问他们的志向，看他们是否有志于学，并且注重实用。此后，云南学风为之一变，士子争相学习经世致用。林则徐之于云南的影响，显然与郑光策的教育分不开。

道光十五年（1835年），郑光策女婿梁章钜以郑光策《抱膝图》示林则徐，林则徐“熏香瞻拜，不禁泪涔涔下也”。此时，郑光策已逝世三十一年。林则徐对郑光策的早逝十分心痛，不无深情地写下了《郑苏年师〈抱膝图〉遗照》（1835年）来怀念自己的老师：

遗影追寻立雪前，春风书带正翩翩。

谁知樱下闻琴泪，已兆隆中抱膝年。

座有心香余泽在，集题脚气几人传。

韩门李汉编文后，忆否桐枝瘦可怜。

二、学术大师讲民生

陈寿祺（1771—1834），字恭甫，号左海，闽县人，是林宾日老乡兼好友，亦是享誉当时的学术大师和教育大家。陈寿祺曾求学于鳌峰书院，又于鳌峰书院讲学多年，使鳌峰书院走向巅峰的功勋之一。陈寿祺、梁章钜和林则徐三人都被当地名望称为“宝贝”，陈寿祺在前，梁章钜和林则徐在后。而林则徐能成为“宝贝”，其思想和行事都离不开陈寿祺的影响。

陈寿祺以治“经学”出身，但和一般的“经学家”不同，除了深厚的学术功底，他还有丰富的从政经验和成熟的教育理念。他将此三者融为一体，总结成“儒者穷经将以致用”一句话。和郑光策一样，陈寿祺对科举也有清醒的认识，他说：“科举过于使人热衷于功名利禄，而考试模式又让人耽误在反复读书之中，浪费了年华，实在是令人心痛。”但他并非怂恿学生放弃科举，而是要找到正确的方法，以最高效、最有用的方式通过科举，再把时间和精力放在经世致用上。

林则徐入鳌峰书院后不久，父亲就将他介绍给了陈寿祺。二人一见如故，经常一起讨论历史，畅谈时政。后来陈寿祺任鳌峰书院山长时，林则徐已经“毕业”，但这不影响二人的交往。于林则徐，陈寿祺是亦师亦友。

陈寿祺曾典乡试，给林则徐提供了经验。林宾日曾叮嘱林则徐典乡试时要认真对待，但林宾日毕竟是从考生角度和落第教训出发的。而陈寿祺则是以自己的亲身经历为林则徐提供了经验。陈寿祺先后在广东、河南担任乡试副考官，阅卷时看得最多的是那些“落卷”。陈寿祺目的很简单，他害怕有才之人被埋没。

平时，陈寿祺积极鼓励林则徐早日通过科举考试，早入仕途，这样才能在更重要的位置上做出更有影响的事业。陈寿祺还把林则徐介绍给自己的老师——三朝元老阮元。1813年，成为进士不久、尚未获得官职的林则徐就受陈寿祺委托，进京时顺道向阮元送信。当时，阮元任漕运总督，正在勘察漕运水道。途经宝应时，阮元恰好经过，林则徐恭恭敬敬登舟拜见，将书信转交。随后，阮元又来到林则徐船上答拜。一般来说，对阮元这样的大员，一个新科进士对他来说没什么值得关注的。不必说，陈寿祺的信中必然对林则徐夸赞有加。一来一往，林则徐和这位比自己更早禁绝鸦片、更早抵抗外侮的前辈宗师有了更深的交往。

这一年，天理教在河北、河南、山东等地起义，攻入紫禁城，随后被镇压。

这一年，朝廷议定贩卖鸦片和吸食鸦片者，皆有罪名。

1822年，年近四十的林则徐赋闲在家。林宾日和陈寿祺都劝林则徐回京继续任职。林宾日说：“我和你母亲身体健康，你也不到四十岁，承蒙皇恩，应当报效朝廷。长期闲居，徒增我和你母亲的烦恼啊。”

临行前，林则徐拜访陈寿祺，在陈寿祺那藏书八万多卷的遂初楼里，林则徐题下四首诗。一方面，林则徐夸赞陈寿祺的学问成就，另一方面又向陈寿祺请教未来的路该怎么走。

陈寿祺回诗送行，他告诉林则徐：“当今各地民风凋敝，亟需拯救。

如你这样的人当官，他们正是久旱逢甘霖。”换句话说，你林则徐就应该是那个用双肩担起民间疾苦的人啊。相比父亲林宾日委婉说要报效朝廷的话，陈寿祺的劝慰更让林则徐明白他们的殷切期望。回想起无数个日夜里，和陈寿祺讨论的经邦济世之言语，林则徐终于坚定了北上的决心。为免陈寿祺担心，林则徐在感谢他的同时，又保证自己一定“担当保涓洁，弗逐流波奔”。

在当时，陈寿祺是少数能看清鸦片流毒之害的人，早在道光元年（1821年），他就上书给总督痛陈：

> 如鸦片一物，夷人贩运，既以戕中国之人，又以耗中国之财，用心叵测，流毒无穷。计二十年间，天下之甘其酖而倾其赀者，奚啻累千亿万。

针对西洋商人，他又说：“抚之不可失怀柔，然亦不可失威重也。”林则徐和陈寿祺也多次就此问题讨论，他十分赞成陈寿祺的观点。后来，林则徐在禁烟的同时和外商打交道，奉行的就是宽严并济原则，即“奉法者来之，抗法者去之”。

道光十三年（1833年），林则徐在江苏任职，专门给陈寿祺写信，信中提到，三年里陈寿祺给林则徐写的信厚达数寸。林则徐则在信中向陈寿祺倾诉自己近年来屡屡调换任职，无法将施政理念落实。困扰自己的是“精力日以消沮，心绪日以恶劳”。从真诚的话语中，不难看出陈寿祺在林则徐心目中的地位。接着，林则徐笔锋一转，又十分客观地分析“江苏之病”，还拿江苏和福建作比较。最后，恳请陈寿祺指点自己，尤其是希望考虑问题全面的陈寿祺告诉自己，有哪些地方没顾虑到，还有哪些地方需要改进。

不料第二年二月二十日，陈寿祺就在福州去世。这一天，林则徐写下关心江淮米粮的诗句：“江淮米贵抵兼金。”又在日记中记载：“密雨竟日，东风大。”三月十一日，林则徐从家书中获知陈氏去世的消息。

“忠厚人之元气，淡泊儒者宗风”，既是对陈寿祺一生最好的总结，也是他对林则徐最大的影响。

三、与君旧住屏山麓

梁章钜（1775—1849），字芷林，又称退庵居士。梁家亦是世代儒业，前后中举者极多，是当地的望族。梁章钜居住在赛月亭巷，与林家的左营司巷比邻而居。林则徐出生时，梁章钜十岁。自第一次认识之后，两人就成为一生至交。

林则徐给梁章钜写诗，说他们的关系是“与君旧住屏山麓，对宇三椽打头屋”。梁章钜给林则徐写诗，说他们的关系是“私喜肺腑交，依如齿与唇”。

在各自传奇的人生中，林、梁二人的人生轨迹不仅极其相似，而且交叉重叠，谱写出惊心动魄的交响曲。

青年时期，二人互为邻居，共同求学。

林则徐入鳌峰书院时，梁章钜会试不中，回乡之后一边在岳父兼老师的郑光策手下充当助手，一边继续求学准备考试。因为早知道林则徐要入鳌峰书院，所以梁章钜见到他时一点也不惊讶。有时，梁章钜还给郑光策代课，林则徐就跟着梁章钜学习。久而久之，如范仲淹、李纲、岳飞、文天祥、于谦等人的生平事迹和诗词文章就成了他们最常讨论的内容。恰巧，抗金名臣李纲之墓就在不远处的越王山。林则徐和梁章钜经常约其他同窗好友一同聚会于此，讨论国家大事。在鳌峰书院求学期间，二人倡导同学们自发修葺了李纲墓。几年后，二人又同在张师诚幕下工作，再次修葺李纲墓。

中年时期，二人同为官员，经邦济世。

1807年，林则徐入张师诚幕。第二年，梁章钜也入张师诚幕。二人所长有别，所职亦不同。林则徐负责文书工作，梁章钜则负责学术工作。林则徐见证了梁章钜为张师诚撰写颂册和奏御文字、校勘珍贵书籍等工作；而梁章钜则见证了张师诚之“筹海文移皆出君（林则徐）手”。二人在张师诚幕中，协助张师诚统筹四方，很快平定了蔡牵的海上叛乱。无疑，林则徐在张师诚幕下的快速成长，离不开和梁章钜的互相砥砺。在此期间，梁章钜编著《浦南诗话》，专门请林则徐帮助自己查漏补缺，校补错误。做完这些工作后，林则徐才第三次进京赶考。

1811年，已成为进士的林则徐回家。第二年，梁章钜也回到福州，在夹道坊南建了紫花吟馆，当时往来名流不少。闲居的林则徐自然不会错过机会，经常在此和梁章钜诗文唱和。林则徐为梁章钜写下《题梁茝林方伯〈藤花书屋图〉》，以记载这风雅盛事。在诗中，林则徐笑说自己在京城的小屋因邻居家的花藤爬墙而过，所以起名叫“借藤书屋”。当时梁章钜还题写匾额，想不到回到福建就建了个藤花书屋。一个借藤书屋，一个藤花书屋，真是般配呀。

林则徐还说，梁章钜事业文章遍照中外，韬光养晦后必将重新绽放光芒。三个月后，林则徐回京准备接受朝廷任命，梁章钜为其送行。对这位小自己十岁的知己，梁章钜少不了一番夸赞，说林则徐是“当代清华选”，又是“文栋兼时栋”。敏感的梁章钜已经意识到，林则徐为官，必将惊天动地。梁章钜豪气不减，叫林则徐放手去干，一定要“挥鞭增意气”，经邦济世，建功立业。

林则徐走后一年多，梁章钜在家讲学，随后亦进京，以第一名考入军机章京（俗称“小军机处”）。随后，他加入已经拥有了林则徐、龚自珍、陶澍等人的宣南诗社，并和龚自珍成为好友。

此时，山雨欲来风满楼，外面的虎狼，已然缩小他们的包围圈。而内部的蛀虫，正在逐渐吞噬睡狮的生命力。

林则徐和梁章钜在京参加宣南诗社，大到安邦定国，小到盐米价格，只要关系国计民生，都在他们的讨论之列。有时说到心痛处，大家伙都咬牙切齿，眼含热泪。渐渐地，京城中的经世派形成，为晚清的中国谱写出了一曲恢宏的篇章。

1820年，林则徐任江南道监察御史，后又改任杭嘉湖道，结束了京官生涯。此后，林则徐、梁章钜二人上演了“宦迹辄相先后”的传奇幕剧。

1822年，林则徐由江南淮海道升任江苏按察使。

1823年，梁章钜调任江南淮海道。

1824年，林则徐调离江苏按察使，受道光帝命筹浚江浙水道，中途获知母亲陈帙去世消息，按例丁忧奔丧。林则徐一离任，江浙水利无人管理，方寸大乱。

1825年，林则徐临危受命，着素服督办河工。怀着丧母之痛，林则徐向梁章钜写信表示自己遵从父亲训示，以国家大义为先，待河道之事一了，仍要归家守丧。

1827年，梁章钜调任江苏布政使。

1833年，林则徐继任江苏布政使。

基本上二人在官职上是前脚跟离去，后脚尖上来，这也是这对好友特殊的缘分。梁章钜在诗中笑道："奇哉我宦辙，惟君履宪遵。"

若仅如此，倒也没什么传奇的。通常，一个地方的要员离任后，很有可能下一任官员就完全废弃了他的工作。更常见的是，一个官员知道自己要离任了，基本上就当甩手掌柜，不肯兴办实事。但林则徐和梁章钜两人却从不如此，他们每任职一个地方，总是从长远筹划，设计一些重要工程。有时调任之后，工作无法完成，但因为他们总是前后相继，所以又能"捡起来"继续把这些工程做好。林则徐调任时，因丧母归家守制，留下好多工程来不及展开。梁章钜二话不说，接办下去，很快起到了效果。1830年，梁章钜向朝廷上奏，请求疏通武进县孟渎、德胜、漕港三河，当年农业歉收，此事不成。1832年，运河决堤，江淮水灾，哀鸿遍野。梁章钜率部亲自赈灾，两三个月内将60余万难民迎送回乡。第二年，梁章钜生病请求离任。道光皇帝下旨林则徐继任。林则徐为送别梁章钜，写诗歌颂梁章钜救灾功劳，形容梁章钜带病坚持抗灾，救活了无数黎民百姓。林则徐又向梁章钜真诚请教，说我也在这里为官，你一定要告诉我这些重要经验。1835年，梁章钜引退。林则徐继任，果断将梁章钜疏通武进县三河的工程继办。两人政绩能够前后相续，完全是志同道合，且都怀着基本相同的治理理念。而这些，又来源于同学、同游和同官的默契。

晚年，二人互为股肱，禁绝鸦片。

1836年，梁章钜任广西巡抚。

1838年，道光帝连续八次召见林则徐，令林则徐任钦差大臣，主持广东禁烟事务。

此前，两人在多个场合都表达过治理鸦片之患的共同理念。总结起来就是：第一，治鸦片不仅要治吸食鸦片者，而且要治理贩卖鸦片者。第二，如果食鸦片者该当死罪，那么贩卖鸦片者就该枭首示众。第三，治鸦片还应该治理那些助长鸦片流通的贪官污吏。

带着“乱世用重典”的理念，林则徐在广东开启了虎门销烟的大业。而在广西，梁章钜也丝毫没有落下。当时梧州和浔州是鸦片进入中国的重要集散地，梁章钜命令两地知府严加彻查。梧州知府敷衍了事，梁章钜直接摘了他的顶戴，并说：“你什么时候捉拿到大烟贩，什么时候就重新做回知府。”由于梧州和广东接壤，所以梁章钜更加重视。

鸦片战争很快爆发，梁章钜亲自带兵在梧州驻防。水陆两路都设了众多障碍，以防英军入侵。梁章钜又派兵护送大炮到广东，协助林则徐抗敌。随后，清廷吃了败仗，道光帝将林则徐撤职，并派琦善向英军妥协。梁章钜怒火中烧，抨击琦善是刚愎自用的蠢材。同时安慰林则徐说“你的功过自有公论”，又暗示道光帝会重新起用林则徐。

1841年1月26日，英军占领香港，宣称香港的英国臣民和外国人受到英国保护，而不受中国法律约束。

1月27日，琦善在狮子洋边莲花城宴请义律，席上奏由西洋乐工演奏的西洋乐曲。琦善邀请义律等人上坐，清廷官员下坐。同时，配给一同而来的英军和乐工食物美酒。宴会后，又以枪炮表演，送义律登舟。义律一行人，洋洋得意而去。琦善允诺，清廷将赔偿英国银两。

林则徐气急，在日记中称义律等人为“逆夷”。

梁章钜上书提醒道光帝，收回香港是第一要务。很明显，此时的道光帝已经被四面八方的信息冲昏了头脑，来不及冷静梳理出一丁点儿头绪。

若梁章钜、林则徐地下有知，香港再回到祖国母亲的怀抱，已然是一百五十年以后的事，不知该做何感想？

同年，英军攻陷镇海，两江总督裕谦殉国，六十七岁的梁章钜代领两江总督，昼夜操劳，引得旧疾复发，不得不辞职回乡。梁章钜才到福建，惊闻福州已被英军占领，愤而拒绝踏进福州土地。此后七年，直至逝世，梁章钜再未回过福建。

梁章钜逝世的第二年，林则徐离世。梁章钜的遗憾，将由林则徐的玄孙女林子东来告慰了。

梁章钜一生尤其喜爱楹联，在他的《楹联丛话》和《楹联续话》中，保留了许多林则徐亲手写下的对联，其中就包括那句概括了林氏家风的著名对联：

海纳百川，有容乃大；

壁立千仞，无欲则刚。

第二节　效法偶像与不负提携

真正的偶像，可以起到很好的示范作用。而林则徐，也有他的偶像，幸运的是，他不仅能亲自读到偶像的诗词文章，而且得到了偶像的当面教诲。在封建社会，领你进入仕途的那个人，往往就是你的老师，而这位老师是什么样的人，在很大程度上也将决定你是什么样的人。也正是这样的偶像和恩师，对林则徐和林家都产生了重要影响。

一、铁骨铮铮林雨化

每个人心里都有偶像，也有榜样，他们的力量是巨大的。林家几代科考失败，但仍坚持儒业，是因为林氏世代皆以此相传，并且有很多突出的代表。所以，每当失败之时，他们总是想起林披、林蕴这样的先祖。到林则徐时，他除了有历史上的偶像，还有同时代的偶像。

林雨化（1738—1811），字希五，福州人，乾隆戊子年（1768年）进士，论起来，是林则徐的同宗长辈。

1792年，时任宁德教谕的林雨化举报福建按察使钱受椿和知府全奉等与地方官员勾结，祸害乡里。钱受椿和全奉倒打一耙，指使人污蔑林雨化。林雨化先是被困监牢七个月，后又被判流放新疆。林雨化流放新疆乌鲁木齐，一路上屡遭迫害，但靠着胸中一股不平之气挺了下来。林雨化回忆说："锁诸木笼，不得屈伸；下船闭置舱底，几不能续气；备尝毒手，屡号仅而不死。"

五年后，钱受椿等人因贪污渎职被处以极刑，林雨化被赦回闽。讽刺的是，他竟在旅馆遇到了当年陷害自己的知府全奉。此时的全奉，一身枷锁，正是服刑之状。林雨化大笑，当场赠诗给全奉："三百白金亦小哉，忍将名教扫尘埃。好还天道君知否？我却回时尔又来。"说的正是当初全奉受贿三百金，反过来诬罪林雨化的事。全奉一听，当场气晕在地。

年幼的林则徐每当听到父亲讲述这位前辈的故事时，总是恨不得站在他身旁，替他呐喊，为他受痛。这位只是耳闻却未目睹的汉子，已然成为他心目中分量最重的精神偶像。林则徐暗暗告诉自己，将来一定要像林雨化一样，为民请命，为民谋利。

林雨化回福建后，林则徐刚十三四岁，虽然心中钦佩，又想当面请教，但又担心林雨化傲然独立，不喜与人打交道。

1805年，英国商船带来礼物"拜访"清朝，随行还有四艘兵船，他们的爪牙开始试探性地进入中国。此年，林则徐第一次入京参加会试，以落选告终。十一月，林则徐回家，开始在外教书以贴补家用。同时，林宾日和林雨化等组织的真率会开始频繁聚会。

林则徐教书之余，经常随父亲一道参加真率会，而聚会的地点就在林雨化家。终于见到幼年以来的偶像，林则徐抑制不住内心的激动，当着父亲和其他师友的面，郑重地向林雨化行礼。林则徐行的礼不是一般的礼，而是父子之礼。

林雨化哈哈大笑，没有任何架子，一把将林则徐扶起来就和他说话。一开口，二人便犹如相交认识了数十年一般。其实，林雨化又何尝不知道这位二十二岁的年轻人已是年轻一辈中的翘楚。在和林宾日的聊天中，林雨化自然知道这位后辈读的什么书、做的什么事。当然，他们常游李纲墓并将其修葺，林雨化也了然于胸。

此后在真率会参会，林则徐向林雨化请教最多。他还经常借读林雨化的文章。文章中的凛凛风骨，屡屡激励着林则徐年轻的心。每次一拿到文章，林则徐一读就到深夜，无法释卷。

1805年，林则徐拜读完林雨化文集后，为其撰写《林希五先生文集后序》，在文中表达了对林雨化的仰慕，同时表明了求学效仿之心。而当时，林则徐的好友梁章钜，也经常一同来向林雨化请教。

1807年，林则徐入张师诚幕。林雨化向张师诚进《拟平海策》，建议张师诚恩威并施。此后，林则徐多次解决民变和洋商问题，用的也是恩威并施之法，从中不难看出林雨化对其的影响。总之，林则徐对林雨化是若父若师，敬之习之。陈若霖说林雨化“门下世熏其德者多成伟器”，林雨化真率兼备的文风、嫉贪恶腐的性格和经世致用的思想都深深影响着此后进入官场的林则徐。

1840年，林则徐因禁烟被道光帝革职，遣戍新疆。在失落中，林则徐回想起林雨化当年被发往新疆的遭遇及其精神，便不再失落。同时，林则徐告诉自己，新疆同样需要自己。林则徐及其后人无论在个人还是国家困厄之时，仍能砥砺前行，离不开这位同宗长辈偶像的示范和激励。

二、入张幕初露光华

嘉庆十一年（1806年）十月，江西巡抚张师诚（号兰渚）接到调令，转任福建巡抚。十二月，张师诚抵达福建上任。和往常任职一样，张师诚心中并未产生多少波澜。但随着新年的到来，张师诚忽然意识到，今年有些特殊。

除夕，张师诚到深夜才送完了客人。夜灯微光之下，照例和往年一样，他随手翻阅属下递上来的新年贺信。一般逢年过节，属下递上来的贺词无非是走套路，恭敬而客气，没什么实质性的内容。不过，在众多贺信中，张师诚敏感地发现一篇文采学识俱佳的文书。最不易的是，这个人的文字中透着一股不卑不亢的认真劲儿。这个连节日贺词都不敷衍的人，引起了张师诚的兴趣。

张师诚把下属叫来，吩咐找到这个作者。没过多久，二十三岁的林则徐略微忐忑地来到了张师诚的官邸。

“林则徐？”张师诚回忆，想起似乎曾偶然听到两江总督百龄提过，说此人公牍文甚好，必成大器。但目前，这个所谓的“大器”还只是厦门海防同知房永清手下的一个记室。厦门海防同知，主要负责管理厦门海口的商贩、外商税收、运往台湾的粮食、发放守护兵饷等工作，还兼任治理部分公案。所以，平时林则徐所写，多与此相关。

听闻新任巡抚召见自己，林则徐不知所为何事，毕竟自己和这个巡抚还扯不上任何关系。他规规矩矩行了礼，立在张师诚面前。张师诚也细细打量着这个年轻人，暗想：年轻人气度不凡，沉稳有加。

张师诚开始有心考校林则徐，那些问题看似毫无章法，却涉及求学、为人、从政乃至国家命运和人民福祉等。张师诚又让林则徐当场再写一份文书，又拿出其他人写的文书让他修改。

这一夜会面，决定了林则徐接下来大半生的命运。没过几天，林则徐就成了张师诚的幕僚。

作为一个默默无闻的下层文吏，被封疆大吏一眼相中的概率，实在是低之又低。然而，机会不会无缘无故来到毫无准备者面前，这不是幸运，这一切早在七岁那年，父亲第一次教林则徐作文的时候，就已经注定了。但林则徐并未因此自命不凡，作为一个尚在为家庭衣食操心的年轻人，还不会开口闭口就谈理想。既然入了张师诚幕府，就必须怀着感恩的心，努力工作，认真工作。

如果说在鳌峰书院的学习，让林则徐拥有了经邦济世的远大志向，那么在张师诚幕府，林则徐则是真正获取经邦济世的实际能力。而这，也对林则徐教育后代的理念产生了影响。后来，林则徐给二儿子林聪彝写的书信中，除教育林聪彝要敬重师长、孝顺父母、友爱兄弟、和睦亲戚外，居然一反传统，要求刚中进士的林聪彝学习耕作，做个田园子弟。至于原因，林则徐说：“三兄弟中，只有你资质最差，所以我也不指望你以文学或科举或仕途成名，只要做个笃实子弟即可。”可以看到，林则徐一旦发现自家子弟不适合当官或从文，就要他们务实做一些有用的实际工作。因为林则徐知道，如果能力不行，还要强行去承担某些工作或追求某些名利，多半会祸国殃民。好在林聪彝非常争气，最终继承了林则徐的家教，虽未做出巨大成就，却不负忠孝之名，传承了林氏家风。

在张师诚幕府，林则徐主要负责文牍工作，张师诚几乎所有的重要文案皆出自林则徐之手。林则徐精力旺盛，思路清晰且下笔神速。张师诚有意锻炼林则徐，常常委以重任。林则徐就在“卧阁挑灯，担毫削牍”的工作中学习从政知识和经验。由于张师诚是朝廷大员，林则徐又负责其文书工作，所以无论是朝廷奏报还是和其他官员打交道以及处理各类政事，林则徐身在其中，都如长鲸吸水一般，每时每刻都能学到新的有用的知识。

而张师诚也丝毫不隐藏，无论是民间治狱断案，还是统兵作战，又或劝学兴学，在实际工作中都把经验教给了林则徐。张师诚告诉林则徐：“民间断狱，既要清理那些监狱中被冤枉的无辜之人，也要重点捉捕匪首，且留意捕快们是否在抓捕中漏掉匪徒。农田水利，一定要注意不要让小民之田被豪强兼并。另外，学校发展也必须重视，不能有丝毫的放松。”

入张师诚幕府后，林则徐不仅工作能力得到提高，而且薪酬待遇也提高了不少。可能是张师诚的关系，林宾日在正学书院的年薪也提高到了二百两，林则徐在张师诚幕府中的年薪也是二百两。当年，父子二人就把林正澄留下的债还清了。而且，他们还拿钱将左营司巷的房子正式买断。这一家，从“典下”到“买断”，林家一共用了将近三十年的时间。

林则徐将这些一一记在心上。他知道张师诚是一个虔诚的佛教信徒，为回报知遇之恩，他就为张师诚手抄了《金刚经》《弥陀经》《心经》

《大悲咒》《往生咒》等佛经。林则徐态度虔诚，一气呵成。张师诚拿在手里，丝毫不掩饰自己的高兴之态。他知道，此子有才，更有心，从此更加重视林则徐。

三、打蔡牵小试牛刀

蔡牵（1762—1809），一个人见人怕的海上盗寇，一个东南沿海官员的噩梦，一个国家内部不断腐蚀的缩影。

蔡牵家贫，年幼时父母双亡，很长时间以做小工为生，仍难以维持温饱。当时沿海渔民的情况是，朝廷“画海为牢”，严格限制渔民在外洋打捞或行商。一般来说，只有在汛期才能提升捕鱼产量。而朝廷在汛期却只允许有执照的渔船出省捕鱼，且同样有渔区限制。久而久之，渔民们只能“望洋兴叹”，有时明明是汛期，却不敢出海打鱼。于是，渔民们破产的破产，转业的转业。其中，有人铤而走险，成为所谓的海盗。当时清廷官员的奏报中也已指出，所谓海盗，其成员大多数是走投无路的渔民、船夫、小商贩、农民和工匠。

蔡牵，就是这群人的代表。他何时下海为盗，史无记载。但清廷知道，十多年来，蔡牵的海上势力在迅猛扩大。1798年，官府从捉拿的蔡牵的手下口中得知，蔡牵有十三四艘船。1800年，大都督阮元向朝廷上报，蔡牵已有六七十艘船。1804年，蔡牵攻打台湾，仅用四五十艘战船出战，同时又在海上和清军浙江水师对抗。不久，蔡牵手下船只扩充到一百多艘。能够两线作战的蔡牵，已经成为清廷东南最大的海患。嘉庆皇帝回想起当初清廷被郑成功抗拒的恐惧，如鲠在喉，盛怒之下下旨全力剿灭蔡牵。

蔡牵虽然身材矮小，面黄肌瘦，太阳穴还有明显的伤疤，但对笼络人心和行船打仗却很在行。手下都称蔡牵为“大老板”，对蔡牵之妻则称“老板娘”。当老板，也许就是蔡牵等人的梦想吧。

1800年，清廷命李长庚全力剿灭蔡牵。几年下来，双方互有胜负。最终，李长庚还是命丧蔡牵之手。

1802年，蔡牵攻入厦门大担门，抢走大小铁炮六门，全身而退。

1804年，蔡牵进攻台湾鹿耳门，并在温州海上大破浙江水师，李长庚追击失败。这年，林则徐中举。

1806年，水师提督李长庚继续追剿在台湾受挫的蔡牵，蔡牵再次全身而退。

1807年，李长庚用火攻，蔡牵来不及预防，暂时撤退，李长庚乘胜追击。李长庚率战船紧追蔡牵，誓要将蔡牵捉拿到手。追至广东海面，蔡牵忽然开炮，击中李长庚船，李长庚当场身亡。清廷震怒。这年，林则徐入张师诚幕府。

1809年，张师诚移驻厦门，主持镇压蔡牵。此时，林则徐第二次会试落榜，尚未收拾好心情，就被裹挟进战火之中。而自小就听说过“大老板”事迹的他，心情复杂。一方面，他清楚地知道，蔡牵及其手下，大多数都是福建渔民和农夫。事实上，在他中举之前，林家的状况并不比这些所谓的海盗好多少。另一方面，林则徐也明白，蔡牵的海盗生涯，走不长远。张师诚和战事没有留给林则徐一丝的犹豫时间。刚到厦门，张师诚就紧密联系福建、浙江和广东等地水师，统筹安排。林则徐的主要任务就是撰写各类关键文书，其中最重要的，就是“筹海文移”。

剿灭蔡牵战事持续两个月，本就强弩之末的蔡牵很快就捉襟见肘。9月，蔡牵在黑水洋遭福建水师和浙江水师的夹击，蔡牵二百多艘船只尽数被击沉，不少部下被活捉。蔡牵战败，拒不投降，开炮自沉。“大老板”“老板娘”和二百多名下属沉船而亡。

战后，浙江水师提督、福建水师提督皆至厦门奏报张师诚，并赞美张师诚有料敌于先机之神。张师诚哈哈一笑，指着一旁的林则徐说：“如果没有他，咱们不可能两个月就剿灭蔡牵。”

林则徐暗下决心，他日若我坐到恩师之位，一定要像他一样，努力提携后辈。是的，如果没有张师诚，我们无法知道林则徐能否走上历史舞台，更无法知道林则徐和林氏后人将以怎样的家风来影响中国和世界。

这年，离福建不远的江苏吴县（今苏州市吴中区），一个名叫冯桂芬的男孩儿呱呱坠地。日后，他将拜林则徐为师。

四、劝科举一片师恩

对林则徐，对林家，对整个封建社会的读书人而言，科举始终都是最高的山，最大的结。什么时候翻过这座高山，什么时候心结就能解开。父亲林宾日在林则徐中举那年成为岁贡生，此生将永远不再参加科举。而弟弟林霈霖尚年幼，只有自己是当考之年。但横亘在眼前的，除了科举，还有繁重的家庭负担。

林则徐参加第一次会试之后，对会试就没那么热心了。但随着加入张师诚幕，情况发生了改变。一是张师诚解决了林家的“财务危机”。二是张师诚发现林则徐实有才干，若不进入仕途，既是个人的损失也是国家的损失。

1808年，张师诚鼓励林则徐再次参加会试。林则徐一开始感到疑惑，老师既然很重视我的工作能力，那么应该将我留在幕中才是。不过，他很快就想通了。父母之爱子，则为之计深远，老师之爱学生，亦复如是啊。

这年十月，林则徐再次进京参加会试。遗憾的是，林则徐再次落榜。回到福建不久，林则徐就随张师诚到达厦门，参与镇压蔡牵之乱。在战火中，林则徐将落榜的心情收拾干净。

张师诚丝毫不以林则徐落榜为意，只是告诉他，再考几次也无妨，总会中的。

1810年，张师诚入京觐见皇帝，携林则徐同行，鼓励林则徐参加会试。这次比前年要快，抵达京城仅用了两个月。而在这两个月里，林则徐和张师诚朝夕相处，张师诚教什么，林则徐就学什么，张师诚见什么人，林则徐就见什么人。由于进京时间比上次少了两个月，所以林则徐复习备考的时间也相对充裕一些。

1811年二月，林则徐第三次参加会试。

四月二十七日，林则徐获殿试二甲第四名，朝考第五名，终于成为进士。同时中进士的，还有即将成为自己好友的程恩泽。这一年，林则徐开始学习满文。那时的他怎么也想不到，学好英语可能比学好满文更重要。

此时，张师诚已不在京城，林则徐迫不及待写信报喜，并向老师表达了自己的困惑。一是他学习满文费心费力，有点儿力不从心。二是身在京城，不知道将来到底何去何从。

对于一个福建人来说，要驾驭以北方方言为主的“官话”本就有一定的困难，更不必说由长城外迁入的满族的语言了。林则徐有此困扰，也是十分正常的。信中，林则徐还劝张师诚在公务繁忙之际注意休息，切勿操劳过甚。

重阳节后，林则徐请假回福建省亲。再见张师诚，林则徐心潮澎湃。一是没有老师的肯定和鼓励，自己科举之路绝不会这样顺利。二是中进士之后，林则徐就要接受朝廷任命，正式为官，这意味着他将离开张师诚幕府。暂居在家将近一年的林则徐，除参加诗文聚会、好友交游之外，必然经常拜访张师诚。林则徐在京学习满文的焦虑和对前途的担忧，也在张师诚的开导下烟消云散。

十月下旬，林则徐携家眷悠游北上。十二月初四，林则徐到达杭州，与张师诚之子张应昌同游西湖。可能在这次会面中，林则徐得知张师诚将要升迁两江总督。第二天，林则徐在激动中向张师诚写信道贺。虽未百分百肯定，林则徐却深信不疑。他在信中说张师诚作为自己的授业恩师，“老夫子大人”晋升总督是众望所归，绝不是我这个弟子在师门前拍马屁的戏言。这封信写得匆忙，但也看出林则徐拜别恩师之后的挂念之情。

毕竟，从此以后，山高水远，他就算不辜负老师的教导，也要和这个险恶而又充满希望的世界斗一斗了。

这一年，左宗棠在湖南湘阴出生，日后，他将像林则徐受张师诚教导一样，受林则徐的指点和提携。新疆，大西北，将写上林、左两个大字。

第三节　结交知己与砥砺同道

林则徐在其政治生涯中，有好几位志同道合的至交好友。其中，既有忘年之交，亦有同趣之交。他们或共同为国为民，或开眼看世界，这些对林则徐的家风也产生了一定的影响。

一、士为知己者死

今天，在陕西蒲城林则徐纪念馆里，立着两个雕像，一个是林则徐，另一个则是嘉庆、道光两朝元老王鼎。一个是东南沿海的后生，一个是关中渭南的长者。他们因何被后人共同纪念于此？

王鼎（1768—1842），陕西蒲城人，历任各部侍郎、户部尚书、直隶总督、军机大臣、东阁大学士等，是晚清重臣、忠臣。除却那些在任期间的成绩，王鼎给晚清留下的最浓墨重彩的一笔，竟然是“尸谏”。

1811年，林则徐入京参加会试并中进士，旋授翰林院庶吉士。当时，王鼎已是翰林院的元老。这时才在京城落脚、准备进入仕途的林则徐，尚不知道，忠臣为国捐躯，良士为知己赴死，将会成为王鼎这位官员最后的写照。五年后，林则徐任江西乡试副考官，受父亲和老师的教导，对待乡试工作，他一丝不苟，选拔了许多优秀人才。这年，王鼎任江西学政已经四年。这段时间，林则徐经常去王鼎家中吃饭。二人除考试公务之外，其他事情也相谈甚多，往往一聊就忘了时间。林则徐每至深夜才离开，对这位官场前辈十分钦佩。当然，王鼎也意识到，这位晚辈绝非一般人物。此后，二人相交愈繁，相知愈多。

如果说张师诚是鼓励和提携林则徐进入仕途的人，那么王鼎则是屡次为林则徐发言助力的关键人物。

1837年，王鼎过七十大寿。在众多官员、朋友、门生送来的贺礼、贺词、贺诗中，王鼎最中意林则徐的贺寿诗。

1838年，鸦片之祸已为人所共睹。针对鸦片，朝廷官员主要分为“严禁”和“弛禁”两派。这年，鸿胪寺卿黄爵滋上疏请求严禁鸦片。其实，道光帝当时对鸦片之患也很清楚，但拿不定主意。道光帝将黄爵滋的奏折誊抄二十九份分发给各地将军和督抚，令他们就禁烟问题各抒己见。在返回朝廷的意见中，反对严禁的有二十一份，赞成严禁的仅有八份。林则徐和王鼎目睹了全程，他们很清楚其中的猫腻。

经过深思熟虑后，林则徐决定支持黄爵滋，上书请求道光帝禁烟。林则徐深谙道光帝所希望的和所害怕的，他在给道光帝的奏折中说：“如果再像如今这样放任鸦片如洪水一般进入中国，那么再过数十年，则中国几无可用御敌之兵，且无可用充饷之银。”

林则徐的上书使得朝野震动，道光皇帝也意识到，长此以往，可能清廷的统治也将崩溃。

而此时，军机大臣王鼎出现在了道光帝面前，他用了十二个字告诉道光帝自己对林则徐的看法：“多谋善断，有为有守，堪当重任。”

随着王鼎的推动，道光帝终于坚定了禁烟的决心，并任命林则徐为钦差大臣。随后，才有了林则徐震惊中外的禁烟运动。

临行之前，朝廷多有官员邀请林则徐赴宴。送行者有之，试图威逼利诱者亦有之，林则徐尽数拒绝。十一月十九日，王鼎设宴为林则徐饯行，林则徐欣然赴之，这是林则徐临行前唯一一次赴宴。

1840年6月，第一次鸦片战争爆发，英军在林则徐防守的珠江口未能得逞，于是北上，一路打到天津。震惊的道光帝这时忽然发现，洋人的枪炮竟已锋利到可以在海岸线上肆意横行。在投降派的蛊惑和英军实力的逼迫下，道光帝仓皇向英军服软，并将林则徐革职，遣戍新疆。

得知消息的王鼎很震惊，有心帮助林则徐。1841年6月，黄河南段决口，洪水冲进开封城，百姓流离失所。当时淫雨绵绵，河南将近三十个州县受灾严重。道光皇帝派王鼎前往河南治水，王鼎趁此机会向道光皇帝提出让林则徐任其助手，并暗示道光皇帝在救灾结束后免除林则徐之罚。道光皇帝也清楚林则徐此前在各地治水的效果，便同意了王鼎的建议，命林则徐“戴罪立功”。听闻朝廷将派王鼎和林则徐前来治水，河南民众欢欣鼓舞。一是大家同情林则徐禁烟后负罪的命运；二是知道林则徐治水经验丰富，此次救灾必然成功。

一到开封祥符（今开封祥符区），林则徐立刻展开工作。治水期间，二人日夜奔波在第一线，几乎没睡过囫囵觉。七十多岁的王鼎，在淫雨中睡觉的房间仅仅是个苇土小破房。没多久，王鼎就染了病。而林则徐，也咳嗽了一个多月，嗓子都咳哑了。历经半年，黄河终于在祥符重新合龙。王鼎多次拍着胸脯告诉林则徐："你放心，待此件事了。我定上奏皇帝，为你庆功，让他赦免你的新疆之罚。"林则徐深情表示谢意，他知道王鼎言出必行。其实，王鼎早已把奏疏递交了上去。

在庆祝祥符工地合龙的庆功宴上，王鼎和林则徐等人举杯相庆。宴席未到一半，道光皇帝的圣旨就下来了。令人意外的是，道光皇帝竟连王鼎的意见都反对了。圣旨命令，黄河合龙在即，林则徐任务完成，即刻发往新疆伊犁。

这道圣旨的背后，仅仅是一个皇帝的昏庸吗?

饱经风霜的王鼎生平第一次感到愤怒和失望。此前，他一面眼看侵略者开着坚船载着利炮打入国门，一面又看到国内民众处处受苦。王鼎意识到，这个国家，将要面临大的麻烦。那么，自己的忠诚该安放在何处?

离别之际，王鼎老泪纵横。他告诉林则徐，塞翁失马焉知非福，切莫因此而丧失了斗志。林则徐告诉王鼎，不必为自己担心，只等道光帝重新发出圣旨，自己就能回到禁烟前线了。行途中，林则徐再度回想王鼎的话和他那坚毅的眼神，愕然惊觉，王鼎竟是准备以死来向道光皇帝进谏。

回到北京，王鼎立刻进宫见了道光皇帝。他强烈建议道光皇帝做两件事，一是杀琦善，二是重新起用林则徐。道光皇帝面色冷漠，听完王鼎的陈述，只是淡淡地回答道："你在河南工地治水，劳累成疾，现在病还未愈，再调养一些时日吧，何必如此着急。"

这是打太极！当了几十年官的王鼎还揣摩不出皇帝的意思吗？

王鼎急火攻心，一把抓住道光皇帝的衣襟，大喊道：“琦善不杀，林则徐不起用，朝廷该当如何？天下该当如何？”

道光皇帝吓了一跳，旋即想起英军的嚣张气焰，拽回自己衣襟，拂袖而去。道光皇帝没有听清的是：“老臣知而不言，无以对先皇！”没多久，还在气头上的道光皇帝忽然接到消息：“王鼎自缢了！”

呈现在道光皇帝面前的是王鼎留下的数千字遗折，字字如刀，划过道光皇帝的心间。

在西戍途中，心中不平的林则徐每每想起王鼎，内心就涌起不祥的波澜。没多久，王鼎“尸谏”的消息就传了过来。林则徐肝肠寸断，泪洒衣襟，提笔写下《哭故相王文恪公》：

伤心知己千行泪，洒向平沙大幕风。

《诗经》说：“虽有兄弟，不如友生。”《史记》说：“士为知己者死。”林则徐自觉无以为报，只能亲自前往蒲城为王鼎守孝三个月，又写下诸多楹联，以报知己之情。

只是，王鼎的“尸谏”，除了让万民痛哭，让林则徐大恸，又能有什么作用呢？

但林则徐知道，自己不久前写下的那句“苟利国家生死以，岂因祸福避趋之”的对联，是没有上限的。而它的时间，也没有下限。此后，林家子孙都将以此作为人生圭臬。

我们再把目光放到蒲城林则徐纪念馆，会发现几件重要的纪念文物，意义特殊。一是道光皇帝御赐王鼎的青龙罐，这象征着王鼎曾经受到的信任，也象征着信任的崩塌。二是林则徐为王鼎之子王沆题写的《十无益》，这其实是林则徐家风家教的集中体现。三是林则徐为王鼎族弟所书的《从政之道》。其中，《十无益》和《从政之道》既是林则徐和王鼎知己之交的见证，也是林则徐家风家训的重要内容。

二、志同者道亦合

龚自珍（1792—1841），号定庵，晚清爱国诗人，思想家，改革先驱。龚自珍出生在一个书香门第，家学深厚，他的外公就是大名鼎鼎的段玉裁。因此，龚自珍自幼受到了极好的教育，且有很强的经世之心。早年，龚自珍科举不顺，曾乡试不中。当时，面对官场黑暗、民不聊生和自己落榜的现实，龚自珍就写下了“纵使文章惊海内，纸上苍生而已。似春水、干卿何事。”意思是，纵然我有经国之大志，但却得不到平台，为苍生谋福利。中举后，龚自珍一直在京为官，先后担任内阁中书、礼部主客司主事等职。一直到辞官南归，龚自珍都是一位从未被重用过的小京官。

不过，龚自珍却是当时朝廷中难得的正直官员。其眼界在一般官员之上，经世之学也十分扎实。至于诗文，龚自珍更是在晚清占了一席之地，其振聋发聩之声至今回响不绝。也正是因此，龚自珍和林则徐、魏源等人结成了志同道合的朋友。三人经常一同参加宣南诗社的活动，讨论国计民生。

面对“日之将夕，悲风骤至”的局面，龚自珍清楚地知道，必须进行改革，与时俱进。龚自珍熟悉“春秋公羊学”，提出进化、变易思想，认为传统的封闭社会早已无法维持，外来文明的入侵只会加速这个过程。所以，在阵痛中冷静改革，还能让国家站稳脚跟，否则就只会灭亡。在此思想指导下，龚自珍针对各个领域都提出了经世致用的改革方略。他意识到西北地区的战略地位，撰写了《西域置行省议》，又在《东南罢番舶议》中提出自己的看法，还写了《古史钩沉论》提醒统治者要善于借鉴历史经验。

在紧迫形势面前，龚自珍清醒地意识到，严禁鸦片是当务之急。所以，当他了解了林则徐的禁烟主张之后，极力支持林则徐。

1838年十一月，道光皇帝准备委派林则徐前往广东禁烟。林则徐面见道光皇帝之后，就开始在京城里四处拜访各级官员，以此了解各级官员对禁烟的态度。一方面，借此机会寻找广泛支持；另一方面，也能从那里得到有用的建议。

林则徐当然也拜访了担任礼部主事的龚自珍，二人少不了一番长谈。相较于其他人不切实际的激愤或敷衍了事的态度，龚自珍却是切切实实地给出了具体的建议。他告诉林则徐，在军事上丝毫不要松懈，既要加强军队整顿，也要随时修整兵器，防备外夷侵略。龚自珍还认为，如果利用禁烟一举在全国形成风潮，那么也许就能稳定国情，增加民众信心。这时的林则徐和龚自珍都还想不到，用不了多久，龚自珍的这个想法就被道光皇帝亲手扼杀了。

一面墙壁，仅仅是一道裂缝，大风一吹就会让它倾倒，何况上面还布满了成千上万个蚁穴呢?

启程前，龚自珍写了《送钦差大臣侯官林公序》赠给林则徐。在这篇长文中，龚自珍将那天林则徐拜访他提到的和未提到的都条分缕析地列了出来，一共有十条具体建议。其中最主要的是禁绝鸦片、开发火器、整顿吏治、调整贸易、稳定物价等。

这时的龚自珍已经意识到，将来难免一战。他告诉林则徐，京师的火器还是乾隆年间制造的，拿到南方海上，能不能用尚不可知，所以一定要备足工匠，抓紧制造兵器。在具体作战时，要注意古今有别，毕竟面对的敌人和过去已经完全不同。

重要的是，龚自珍并不只是说说而已，他明确告诉林则徐："如果你需要，请带我一同南行。"

南下途中，林则徐对龚自珍的叮嘱十分感动，他回信告诉龚自珍："你提的具体问题是应该重视的，其实更大的阻力来自朝廷。"林则徐当然知道龚自珍希望南下为禁烟和抗击英军侵略出力，但他还是劝阻龚自珍，千万不要南下。林则徐未在信中详说缘由，只委托他人代为转述。可以肯定的是，林则徐不希望因为自己而让好友身陷险境。

然而，令人心痛的是，1841年9月26日，年轻的龚自珍病逝。当时，林则徐已被道光皇帝革职，遣往河南治水。

写下"我劝天公重抖擞，不拘一格降人才"的龚自珍，最终还是没有见到晚清的巨变。

其实，林则徐拜访龚自珍那天，龚自珍亲自赠送林则徐一方端砚。他知道林则徐喜爱书法，尤其喜欢王羲之的书法，龚自珍就在端砚上刻上了王羲之的《快雪时晴帖》。此后，林则徐下岭南、闯关中、走西北，这方端砚一直陪伴在他身边。为了纪念好友，林则徐在端砚《快雪时晴帖》后刻了一首诗：

定庵贻我时晴砚，相随曾出玉门关。龙沙万里交游少，风雪天山共往返。

一封信、一个砚台、一首诗，那是龚自珍的遗憾和期待，陪着林则徐走过了多少慷慨激昂的岁月。

三、同开眼看世界

魏源（1794—1857），字墨深，目睹中国陷入屈辱之中，撰成《海国图志》，又明确提出“师夷长技以制夷”。在这之中，魏源和林则徐的交情又发挥了重要作用。

从天下到世界，晚清士大夫要跨越的，何止是一道鸿沟。

早在1822年，林则徐和魏源就在京城认识了。1830年，魏源担任内阁中书舍人候补，林则徐恰巧在京城住了三个月，二人过往甚密。1831年，仍未考中进士的魏源进入两江总督陶澍幕府中。此时，林则徐担任江苏巡抚。由于陶澍和林则徐私人往来和公务往来都颇多，魏源也经常参与其中。此后，二人成为好友，多有交往。

早年，林则徐爱读的书就有《天下郡国利病书》，那是一部经世致用之作。在中国和世界碰撞的过程中，林则徐屡屡和其他国家打交道，他意识到，仅仅是关注“天下”，绝对不够。所以，林则徐下定决心，一定要多了解外部世界。当然，那时候的外部世界还被他们称为“夷”。

相较于好友梁章钜，林则徐眼界更开阔一些。当时面对强大的英国军队，梁章钜只是认为清军腐败太多、士气不足。而林则徐则意识到，除了自身问题，其实英军枪炮船舰的背后是技术。虽然那时更深一层的“制度”还未意识到，但这已然先于其他“天朝上国”的士人们很多了。于是，林则徐有意识地开始“师夷”。

林则徐很快就张罗起一个比较专业的团队，专门收集外国资料。这个团队一开始有四个人：一个叫袁德辉，是一个马来西亚槟榔屿和马六甲的华侨后生；一个叫亚孟，父亲是华人，母亲是孟加拉人，他曾在印度赛兰普尔教会学校学习英文；一个叫亚林，曾在美国康涅狄格州的一所基督教学校学习了好几年，是个青年学生，在广州专门教英文；还有一个梁进德，曾在澳门传教士创办的学校学习过，曾独立翻译过《世界地理大全》，是四人中翻译水平最高的。随后，林则徐还专门招收一些曾在外商手下干过活的中国人加入自己幕中。

在林则徐的授意下，团队很快就翻译了很多资料，如《澳门新闻纸》《新加坡新闻纸》《孟买新闻纸》等。这些资料越来越多，林则徐就把它们装订起来，分发给朋友们阅览，同时呈给道光皇帝御览。

1836年，英国人幕瑞在伦敦出版了《世界地理大全》。1839年，美国公理会传教士布朗牧师将这部书送给了林则徐。林则徐立刻组织人手，将其翻译出来，随后又亲自润色和编辑。之所以如此，是因为林则徐要系统地了解地球上其他国家的历史、地理和政治情况。林则徐给这部书起名《四洲志》。

这时的林则徐，对世界的认识又是怎样的呢？从一件事可以看出来。

1839年11月，英国一艘货船在海上遭遇飓风，损坏之后漂流至海南文昌，全船仅剩十五名生还者。林则徐在天后宫接见了这十五人，既表示慰问，也向他们打听国外情况。林则徐请船员向自己详细介绍世界地理人文情况，其中谈到了美国和土耳其。听完介绍，林则徐忽然问道："土耳其是美国的属地吗？"船员们十分惊讶，林则徐竟然问这样的问题，但仍解释道："其实走水路，中国到土耳其只需要一个月。"这下，轮到林则徐和属下官员惊讶了。

像"土耳其的地理位置"之类知识，对西方人来说，几乎是常识。但就连编过《四洲志》的林则徐，都不知道土耳其在哪，可想而知国内其他官员对外部世界的认识是何种程度了。而事实上，即使在此后的一百多年里，每当中国最为关键的时期，率先走出国门，和国外接触的人群中，都有林则徐的子孙。

和外国人接触愈多，林则徐愈加感受到认识世界的迫切性。

1841年，英军舰炮已经打到中国大门。林则徐把"走投无路"的魏源推荐给两江总督裕谦，魏源入幕后就奔走在战争前线。当时，已被朝廷革职的林则徐授命协助裕谦。但是，朝廷又秘密下旨命令裕谦，无论给林则徐委派何职，都必须事先向朝廷汇报。可见，这道密旨背后朝廷又是怎样的战战兢兢的心态。好在裕谦是个理智之人，即刻向朝廷奏报，让林则徐负责浙东海防事务。其间，魏源和林则徐有过短暂的合作，一道布置沿海防务。不过没多久，道光帝还是命令林则徐遣戍新疆。而后，林则徐又在王鼎的帮助下，被道光皇帝命令去河南治水。

七月中旬，林则徐路过镇江，又和魏源见面。二人同住一室，对榻而卧，彻夜长谈。此夜，林则徐将《四洲志》所有资料全部交给魏源。魏源郑重接过林则徐的资料，才翻几页，内心就波涛汹涌。

当时，大家都知道英国的野心，但对沙俄的关注却极少。在《四洲志》中，林则徐编写的《俄罗斯国纪要》明确提出，沙俄短时间内雄起，将众多欧洲国家打压下去，又开始侵犯黑龙江，不可不防备。魏源这才发现，原来林则徐早已发现了沙俄的野心，这正和自己的想法不谋而合。

“师夷！”

林则徐说，《四洲志》的初衷就是向国外学习。魏源陷入深思，他隐约感到，“师夷”也许可以进一步扩充，但怎么扩充，他还没想好。

林则徐告诉魏源：“《四洲志》固然已有不少内容，但还不够全面。我知道，完善它的工作交给你是最好的。我的愿望是，进一步编成《海国图志》。”

“《海国图志》！”

魏源心底的火种顿时噼里啪啦燃烧了起来。其实，林则徐早前已经看过魏源根据英军俘虏口述的根据英国情况编写的《英吉利小记》，知道他编写这类书的目的。

林则徐随后又把《澳门月报》《粤东奏稿》和不少船炮模型图样等资料全部交给魏源，心知魏源必能完成此事。但林则徐也清楚，国家和民族等不起，他又告诉魏源：“尽快编成，让国人醒来。”

随后，林则徐和魏源告别。林则徐邀请魏源在《饲鹤图》上题诗，魏源在一腔热血和悲愤中写下：“但忧四海饥，不顾一身癯。”

八月二十六日，英军攻陷镇海，总兵谢朝恩战死，裕谦自杀殉国。

魏源愤而辞归，回到南京，开始全心全意完成林则徐委托的工作。历时一年多，魏源夙兴夜寐，笔耕不辍，在林则徐《四洲志》的基础上，结合历代史书、笔记、国外资料等，终于编成了《海国图志》。

魏源撰写《海国图志》期间，1842年8月29日，中英签订丧权辱国的《南京条约》。魏源悲愤交加，进而撰成14卷的《圣武记》。魏源告诉世人，国家之盛衰既可能从内部开始，也可能因外部而发生。若想不被外部侵蚀，就必须向他们学习，才能实现制衡。

12月，《海国图志》编成，魏源终于发现，去年还有些模糊的想法，而今已经十分清晰了。

魏源提笔写下七个字：

师夷长技以制夷！

其实，这七个字前面还有“而以夷攻夷而作，为以夷款夷而作”。但归根结底，《海国图志》将目光放眼于世界。魏源的“师夷长技以制夷”是建立在林则徐的“师夷”基础之上的。走完这一步，《四洲志》也就变成了《海国图志》。

1858年，曾在林则徐手下任职的左宗棠向咸丰皇帝奏请重印《海国图志》。左宗棠告诉咸丰皇帝，《海国图志》内容翔实，在军事攻守和经济贸易上都有详细攻略，应当将此书刊印给八旗子弟和各级官员，让大家都认真学习。一定要让大家知道，“外夷虽然难以驾驭，但不是无法驾驭”。此后，“师夷长技以制夷”成为洋务运动的指导思想。

而后，维新派领导人康有为在年轻时第一次读了《海国图志》，22岁时又重读。在《海国图志》的影响下，康有为到处搜罗外国地图，了解西方学术，奠定了学习西方的理论基础。《海国图志》又成了维新派的启蒙之书。

如果没有林则徐关心世界、放眼世界的心愿，那么魏源编成《海国图志》可能要走很远的路。而如果没有魏源，林则徐的《四洲志》可能永远不成型。此后，林氏后人往来于世界各地，对外面的风土人情和制度文化都十分关注，这都是从林则徐那里“遗传”下来的。

第三章

家风的形成：家国天下

可以说，林家在林宾日之前的家风，只能算是简单的“世传儒业”，还不具备明显的特殊性。毕竟，对于古人来说，世代读书参加科考的家族比比皆是。而到了林宾日夫妇这里，他们以淡泊仁爱之风，开始构筑一个家庭特有的风气。他们的淡泊，似乎止于己身。而他们的仁爱，既是对家庭家族的仁爱，又是对他人的仁爱。只不过限于身份和地位，这种仁爱几乎只局限在福州一带。但到了林则徐这里，父母的仁爱淡泊就逐渐变成了对世人对国家的大爱，“苟利国家生死以”成了林氏家风的标志。此后，林则徐的子孙，无不在国家和世界的舞台上践行和发扬着这样的家风。林则徐确立的林氏家风，从个人到家庭到国家，包括相濡以沫的结发之情、知益知无益的智者情怀、海纳百川有容乃大的修身之道、壁立千仞无欲则刚的从政理念和苟利国家生死以的爱国精神。

第一节 “山妻”与“老头皮”

在林家，有两对模范夫妻。第一对是林宾日和陈帙，夫妻二人始于才华道德，终于共苦同甘；始于才华文章，终于道德人品。夫妻二人琴瑟和鸣，相濡以沫，是难得的恩爱之侣。林家不仅没有在早年的艰难困苦中败落下去，还培养出一代代的国之栋梁。除二人那触手可及的教育之外，更重要的是二人情深意笃的恩爱之情，以及由之而来的家庭氛围和家国情怀。第二对，自然就是林则徐和郑淑卿夫妻二人了。

郑大谟，乾隆五十五年（1790年）进士，后为河南泌阳县令。八年后，郑大谟迫不及待地让年仅十岁的女儿和十四岁的林则徐定了亲。又过了六年，林则徐中举，在鹿鸣宴上，二人正式结为夫妻。正所谓“宴鹿鸣日，郑夫人来归”。郑大谟为什么执意要选择当时一穷二白的林则徐做女婿，原因大概和当年的陈家老爷子的想法类似。总之，这个决定是英明无比的。而且，二人结婚的时候，林家贫穷，彩礼和办婚礼的费用都负担不起。郑大谟大手一挥，女儿都嫁给你了，这些不都是小事吗？一应承包了。

后来，在岳母七十大寿时，林则徐深情写道：犹记秋风一第，露夕双清。阮修醵娶妇之钱，李易读登科之记。

婚后前几年，小两口一起艰难度日。处得越久，二人就越发现互相之间竟有那么多共同点。除了科举方面的诗书，林则徐喜欢的经世致用之学，郑淑卿也了解不少。而且，林则徐信佛，郑淑卿也信佛。郑淑卿懂医术，林则徐竟也多有涉猎。林则徐好书法绘画，郑淑卿也算是个行家。大概，这就是遇到对的人了吧。

甜蜜地度过婚后一段时间后，林则徐就上京赶考。失望归来后，林则徐又在外教书入幕，二人这段时间是聚少离多。

林则徐考中进士后，夫妻二人就一同北上，进京生活。

1812年年底，夫妻到达浙江，在浙江与恩师张师诚之子张应昌同游西湖。随后，夫妻乘船北上。巧合的是，同船一婆婆的女儿生病在床，奄奄一息。郑淑卿立刻为其诊治，又拿出随身携带的药，送给了母女。不久，女孩儿病愈。婆婆感激之余，就想送东西给夫妻二人。在交谈中，婆婆得知这对年轻夫妻对书画很有造诣，便送给林则徐夫妇一部册子作为感谢。林则徐打开一看，竟是自己十分喜欢的唐代大书法家褚遂良的《圣教序》和《慈恩塔》精拓本。夫妻二人觉得此事十分神奇，就说给很多朋友。同年考中进士的好友程恩泽，后来将此事写进了一首诗里。至今，这册书帖仍为林家后人所珍藏。想来，林则徐书法造诣能飞速提高，应该与这部书帖有关。

来到北京后，林则徐为官清廉，所以家里收入并不多。郑淑卿一直秉持林家家教，生活绝不铺张浪费。其实，郑淑卿从嫁到林家开始，除了红白事，一生从未穿过帛衣。虽然家里并不富裕，夫妻二人却甘之如饴。在京期间，夫妻为大儿子林汝舟开了蒙。从此，林汝舟开始传承家教家风。郑淑卿为林则徐生了三子三女，林则徐不在家时，郑淑卿就以林则徐的理念教育子女。更多时候，郑淑卿都在扮演一个严母的角色。后来子女婚配，林则徐都先让郑淑卿点头同意，然后再定亲。除了自己儿女，到晚年郑淑卿还以家教教育几个儿媳妇，以至于林则徐都取笑妻子："古时有严母教子，今却有严婆教媳，闻所未闻呀。"郑淑卿回答道："我难道真是个坏婆婆吗？我这是为了传承家教，让她们读书明理，得以自立。"说完，老夫妻相视一笑。子媳妇们虽然觉得郑淑卿严格，但待之如母。可见，郑淑卿教子教媳自有其法。

后来，林则徐在外地为官，郑淑卿就随之辗转多地。林则徐次子林聪彝和次女林普晴都是在旅途中出生的。很多时候，林则徐都是独自在外，郑淑卿则在家中守候。担任钦差大臣到达广州后，林则徐第一时间写信给夫人。在信中，我们能看到他们夫妻之间的关爱。一般的关爱无非是叮嘱对方应该注意什么，林则徐却知道郑淑卿最担心自己，所以在家信中，林则徐是这样说的：

> 前于启程时发寄一函，想已收到。一路沿海道至省，甚为平安，唯晕船稍苦耳。犹幸身体素强，饮食小心，一抵津江，即豁然如无事，堪以告慰。因眷念夫人甚切，故船一抵埠，百事未办，先发函回家，使夫人可以放心。

林则徐是告诉郑淑卿，我自己挺好，你不用担心。“因眷念夫人甚切”，简单而又有分量的七个字，表现了二人的恩爱。随后，林则徐才向夫人袒露心事：

> 做官不易，做大官更不易。人以吾奉命使粤，方纷纷庆贺。然实则地位益高，生命益危。

接着，林则徐告诉夫人，应该好好教育儿子。他说：“千万要嘱托聪儿（林聪彝）不要仗着父亲是钦差大臣，就和官府随意往来，更不能干预地方事务。考试将近，更应该用功。他在家里，幸好有夫人你好好教育。至于舟儿（大儿林汝舟），在北京的时候处事谨慎小心，自己也比较放心。”

在广州居住一段时间后，林则徐又写信给夫人报告起居。在信中，林则徐先告诉夫人，羊城鸦片充斥，百姓多受其害，自己也是深恶痛绝。接着，林则徐告诉夫人：“余身体尚佳，饭量亦健，不必挂念。”

到达广州半年后，林则徐再写家信，告诉夫人自己的身体情况：

> 饭量亦甚健，去冬曾请名医廖心如开补药一剂，服之甚佳，兹特寄回，今冬夫人亦可照服一剂，年老者得此，或可稍助气血也。

在他们聚少离多的日子里，这样的家书是常态。后来，在研究“忌酸丸”等药物时，林则徐也多次与夫人沟通。再后来，林则徐被遣戍伊犁。因为疟疾严重，一家人曾在西安住过较长一段时间。病愈之后，林则徐要西行，郑淑卿和长子林汝舟不能再往西。林则徐笑着写下《赴戍登程，口占示家人》诗两首。在诗中，林则徐把自己比为苏轼，把夫人郑淑卿比作苏轼的夫人“山妻”。诗云：“戏与山妻谈故事，试吟断送老头皮。”

这里面有一个典故：宋真宗听说隐者杨朴会写诗，召其写诗，并问杨朴：“你来的时候，有人送诗给你吗？”杨朴回道：“我妻子曾送一首给我。”随之，杨朴念道：“更休落魄耽杯酒，且莫猖狂爱吟诗。今日捉将官里去，这回断送老头皮。”一听到这，宋真宗大笑，就将杨朴放出了宫。后来，苏东坡被关押诏狱，妻子亦送出门，大哭。苏东坡说：“你就不能像杨处士妻子那样做一首断送老头皮这样的诗给我吗？”妻子哑然失笑。苏东坡的开朗和他与妻子间的默契，可见一斑。林则徐写此诗，正是告诉妻子，西出无恙，他日必能完好无损地回来团聚。结婚三十多年，夫人如何不懂，但她还是让林则徐立下誓言：平安从新疆回来，此后再不分开。

当时，林则徐的门生赵云汀因为林则徐的无辜受过十分激愤，曾邀请同学提前到林则徐西行路上等候，还试图进一步向朝廷鸣冤。但学生见林则徐谈笑自若，十分不解，又不敢向林则徐询问。后找到林夫人，想将朝廷下发的五百两“炭敬”赠送给郑淑卿。郑淑卿严词拒绝了，并批评了他。郑淑卿说：“你觉得你老师蒙冤，此行太过艰难，这种想法是错误的。朝廷认为你老师能安天下，所以让他去广东主持局面。千万不要违背老师的心意，去做违背他原则的事情。”通过林夫人，这位学生才懂得了林则徐的苦心。

林则徐知道后，在信中称赞了夫人：“夫人说的话，深得我意。夫人的见识，真是巾帼不让须眉。就算是当世男子汉，恐怕也没几个比得上夫人的。”看着林则徐说这样的“场面话”，郑淑卿心情就不再那么沉重了。加之有两儿在林则徐身边，郑淑卿自然不再担心。相反，林则徐对郑淑卿的担心恐怕要更多一些。在新疆的几年，除了家信，林则徐夫妇还诗书遥递，互相勉慰。

1847年，林则徐调任云南，诸子皆不在侧。当时郑淑卿已生病，不想和林则徐分开，便携病同行。到云南后，她经过调养，身体有所好转。这年中秋，夫妻二人在官署中，举杯对酌。林则徐笑说："咱这园子，如果再来十盏宫灯，沿廊悬挂，再来十盆素心兰，罗列其间，那就尽善尽美啦。"夫妻二人一生节俭，夫人如何不知林则徐只是嘴上过过瘾，便装作严肃的样子"教育"丈夫："灯不错，花也不错，但是花儿只管一个节气，宫灯花费不少，咱们身居高位，偶尔露出点嗜好，就会被下面的人钻营，不能不注意呀。"林则徐哈哈笑道："夫人所言甚是，所言甚是。"

到云南后不久郑淑卿就身染重疾，十月十五日，郑淑卿病逝。其实，当时郑淑卿已然病重，但不忍心林则徐独自前往云南，便坚持带病陪同。郑淑卿想和林则徐相依为命，但从六月中旬以来，身体每况愈下。最终，郑淑卿病逝先去。林则徐悲痛万分，撰下挽联：

同甘苦四十四年，何期万里偕来，不待归耕先撒手；

共生成三男三女，偏值诸儿在远，单看弱昔倍伤神。

因在云南有公务在身，加上林则徐希望扶郑淑卿棺一同还乡。而这，也是当初郑淑卿病情稍轻时夫妻二人的约定。因此，郑淑卿逝后一直停棺在云南。此后，林则徐旧疾复发，难以支撑。到1848年，林则徐扶郑淑卿棺还乡。

同治六年（1867年），"办理中外交涉事务大臣"的志刚率代表团访问英国，陪同的有京师同文馆学生张德彝，并于九月初六参观英国蜡像馆。张德彝看到林则徐和夫人蜡像在阶前对立，栩栩如生。志刚感慨：“真人在前却不能求问安边之策。”

在郑淑卿去世后的两年里，林则徐仍在云南。昆明有缪氏女，1846年，其父在战斗中而亡。缪氏立誓：终身侍奉为父报仇的恩人。1848年，林则徐在任上捕杀了当年杀害其父的人。十九岁的缪氏愿意以身相许，林则徐以年岁差距太大为由拒绝，但缪氏坚决履行誓言。当时郑淑卿去世不久，林则徐无人照料，且身体状况很差。在朋友亲戚的劝说下，林则徐纳缪氏为侧室，嘱咐子女奉缪氏如其母一般。

1848年冬，林则徐携郑淑卿棺回福建，缪氏随行照顾。缪氏知书达理，举止端庄，在林则徐逝世后，一直深居简出，独居林则徐的云左山房（又名七十二峰楼）。林家子孙亦奉缪氏为母。林普晴、沈葆桢夫妇在福州居住时，逢年过节都要来向缪氏请安。在外致信时，沈葆桢则落款“嫡女婿”。左宗棠对这位夫人也十分敬重。由此可见，缪氏德行出众，也深得林家风范。

第二节　知益知无益

家风的形成，离不开家教和家训。而在林则徐传下来的家训中，《十无益》格言是流传最广、影响最大的。1840年，林则徐为忘年交王鼎的儿子王沆赠书《十无益》。今天，在福州市林则徐纪念馆和陕西蒲城林则徐纪念馆都保留有《十无益》拓本。《十无益》全文如下：

存心不善，风水无益；父母不孝，奉神无益；兄弟不和，交友无益；行止不端，读书无益；作事乖张，聪明无益；心高气傲，博学无益；时运不济，妄求无益；妄取人财，布施无益；不惜元气，医药无益；淫恶肆欲，阴骘无益。

这是林则徐道德观、生命观的集中体现，也是林则徐家训的主要内容之一。前两条，林则徐说的是风水和神灵问题。其实，林则徐的佛学修为很深，除当年为恩师张师诚手抄佛经外，他自己也把《金刚经》《佛说阿弥陀经》《心经》《往生咒》等抄写在小本子上，以便日常诵读养生。但林则徐并不像当时很多朝廷大员那样，干的是不善、不孝之事，却在表面上迷信风水，修好宅院，侍奉神灵。当时，中英激战正酣。清廷于1841年3月派杨芳南下广州担任参赞大臣，到达前线总揽与英军作战事务。面对义律，杨芳装模作样地说道："汝若徒恃船坚炮大为骄傲，我中国必重绝了通商之路，兵连祸结，我主尔客，我直尔屈。倘若打仗，亦不奈我何。"看样子底气很足。

那么，作为主持战局的人，杨芳做了什么？史料记载：

> （杨芳）终日惟购钟表、洋货为事，也则买俏童取乐，甚至姚巡捕等将女子剃发，装跟班送进。带来弁兵，漫无约束，日夜在街滋事，强赊硬买，奸淫妇女。二更以后，湘兵住在贡院者，均在外面奸淫，满街湘兵，天明方回，民间切齿。

这样的人打起仗来是怎样的？杨芳到达前线后，看到英军战舰虽然在海上飘摇动荡，但命中率极高。相反，中国炮台固定在陆地上，命中率却极低。略一思索，杨芳就得出了答案：英军军中有善作妖法者。

那么怎么办？

杨芳命令坊市保甲大量收集民间妇女使用的马桶，将它们平放在一排排木筏上，命副将专门负责。他自己则率军埋伏在岸上。随后，杨芳军出击乌涌炮台。副将先率木筏马桶阵向英军军舰冲击，破除他们的妖术。杨芳亲率大军，夹击作战。这一仗的结果是：清军惨败！

杨芳但凡有一丝的理智，且心存善念，爱护民众，就不会这样了。大概在和林则徐的交流中，杨芳并未见过林则徐的《十无益》吧。

关于"兄弟不和，交友无益"，这点也有来自父母的教育。在《先考行状》中，林则徐记载了父亲林宾日是“笃于天伦，事诸兄惟谨”。林则徐伯父林芝岩（林文藻），未能生养孩子，林宾日早前生一子为林鸣鹤。林宾日见林芝岩膝下无子，便把林鸣鹤过继给兄长。不幸的是，林鸣鹤出生不久即夭折了。林芝岩去世后，一切丧葬事宜，皆由林宾日操办。随后，林宾日又将林芝岩从子林逢吉带到正学书院，养若已出，教其读书。后来，又帮他谋差事。林宾日还每个月拿出薪水给嫂嫂，供养其家。二伯父名叫林孟昂，性格耿直，爱喝酒，执拗得很，林宾日亦是多次规劝。后来，林孟昂中年贫困交加，林宾日就把旧衣服和自己写的诗文典卖了拿去资助。林则徐幼年时，经常见到林宾日拎着大米拿去给林孟昂，自己家却吃不饱穿不暖。林宾日告诉林则徐：“你伯父来了，千万不要说咱家揭不开锅。”林宾日不是怕被哥哥发现而不好意思，而是怕被哥哥和其他人误认为自己在谋取名声。除了亲兄弟，林宾日平日资助过的亲族子弟，也是数不胜数。即便如此，到了晚年，林宾日卧病在床，仍然念念不忘，觉得自己做得不够。林则徐兄弟姐妹数人，受父母教育，互相之间亦是相亲相爱有加。后来林则徐写《析产阄书》，告诉三个儿子，虽然家产不多，但老大已然成名在外，老幺也已有举业在身，分家数额多少有点出入，但不必斤斤计较。其实，在林则徐教导下，三兄弟怎会计较这些呢？民国时期，林步随将女儿过继给无子的林轼垣。而李良、林子东、傅秀和凌青，兄弟姐妹四人在正式走上革命道路之前，也是“窝”在一起，哥哥领着弟弟、妹妹学习进步书籍，了解革命思想，培养爱国精神。由此可见，“兄弟不合，交友无益”是林家恪守的家风。

关于“行止不端，读书无益”“做事乖张，聪明无益”“心高气傲，博学无益”，从林则徐和女婿沈葆桢之间的一则轶事就能看出来。

年轻的沈葆桢已经逐渐展现出才华，但还没有机会施展，所有的理想抱负尽付之笔端。据说，在一个月夜，沈葆桢诗兴大发，作了一首《咏新月》，并将其呈给林则徐过目。林则徐一看，竟是“一钩已足明天下，何必清辉满十分”。好一个狂傲的年轻人！林则徐年轻的时候，是“志向不足”，所以被母亲教导要心怀天下。这个女婿，居然张口就是“何必清辉满十分”。但这也不是什么缺点，林则徐笑道：“将‘何必清辉满十分’改为‘何况清辉满十分’吧。”聪明的沈葆桢如何不知，立刻点头如捣蒜。“何必”似乎在彰显自己的才华，而“何况”则是向人宣告，若要“明天下”，就应该用尽一生之力，做到“何况”而不是“何必”。换言之，为国为民，必须“鞠躬尽瘁”。沈葆桢能成为晚清一代名臣，与林则徐的教导分不开。后来，沈葆桢也同样用谦虚来教育林则徐的孙子林洄淑。

关于“时运不济，妄求无益”，这正是林则徐一生行迹的写照。在被罢职之后，林则徐没有埋怨，而是全心全意在河南治水。西行路上，还笑着安慰妻儿。到达新疆后，他不因条件艰苦就走捐赎的路，反而在新疆做出了巨大的成绩。

关于“妄取人财，布施无益”，林则徐讽刺的是那些表面上对神佛十分大方，或者装模作样救济一下穷困之人，暗地里干的却是剥削民众勾当的人。反观林家，从林宾日传下来的家风是怎样的？即使自己忍饥挨饿，也绝不忍心见到“路有冻死骨”。所以，在江苏赈灾时，面对哪怕是当朝尚书这样的大官，林则徐也敢封了对方粮仓。

关于“不惜元气，医药无益”和“淫恶肆欲，阴骘无益”。其实，林则徐也算是一个养生专家。林则徐和夫人郑淑卿都对药理比较精通，否则也不会发明“忌酸丸”等药物了。如果一味放纵欲望，那么身体就会很快崩坏，就算祖先积累了一些阴德，同样也无法保佑。这年，林则徐在家信中得知林聪彝即将参加科考，但是生病较重，于是告诉夫人郑淑卿，让其告诉儿子，不考试也无妨，毕竟“身体要紧，功名身外物”。而且，林则徐还让夫人一定要再三嘱咐儿子把此事放在心上。

和《十无益》相近，还有林则徐的《观操守》格言：

> 观操守在利害时；观精力在饥疲时；观度量在喜怒时；观存养在纷华时；观镇定在震惊时。防欲如挽逆水行舟，才歇力便下流；从善如缘无枝之木，才住脚便下坠。

知益知无益，既是林则徐家风的内涵，也是我们今天应该传承的传统。

第三节　有容乃大与无欲则刚

今天，在林则徐纪念馆瞻仰林则徐及其后人家风事迹的时候，会看到纪念馆设有“海纳厅”和“有容斋”。“海纳厅”有门联：

为政若作真书，绵密无间；

爱民如保赤子，体会入微。

这副对联是林则徐同年好友程恩泽所赠。这与林则徐自己说的“应视国事如家事”正相契合。

《庄子 · 秋水》记载，河伯自以为集天下之大美，东游到海边，才发现自己的渺小。殊不知，海洋正是因为容纳了千万条河流才成就了它的伟大。

关于林则徐的人格修养和家风养成，还有一个小故事。当年林则徐来到广东担任两广总督时，书法一绝的他，在总督府衙的堂上题下了一副堂联：

海纳百川，有容乃大；

壁立千仞，无欲则刚。

在今天的林则徐纪念馆，“有容斋”门联正是这副对联。

好朋友梁章钜曾多次欣赏过这副对联，知道是林则徐亲书。后来，梁章钜在另一个官员家里也见到了这副对联，但这位官员把上下联互换，且洋洋得意装作是自己独创。在《楹联续话》中，梁章钜把这件事记载了下来，他说：“用了对联倒没什么，竟然把林则徐的名字也给抹掉了。”

林则徐写这副对联的意思很明显，他一生秉持的就是至大至刚的浩然之气。那些窃自己名号，把楹联拿去做装饰的，连自知渺小的河伯都不如。试问，鞠躬尽瘁死而后已的林则徐，怎会一边高喊海纳百川，一边去耗费精神跟他们作无益的计较呢？

在林氏家风中，“海纳百川，有容乃大；壁立千仞，无欲则刚”是最重要的内容之一。这是对林氏淡泊家风的继承和发扬。

先看“海纳百川，有容乃大”。林宾日和林则徐父子实现的是对古代传统文化的继承与超越。

先前，林宾日的文化偶像是白居易和林逋，在其文化精神的熏陶下，林宾日初步形成了淡泊之风、梅鹤之风的林氏家风。白居易承接的是儒家士大夫忠实践行的“穷则独善其身，达则兼济天下”传统。因此，在林宾日身上，亦多是如此。比如，林宾日担任学生入学推荐人时，绝不徇私舞弊，必按才推荐，所以推荐的每个学生都是品学俱佳。担任书院山长时，不仅尽力培养学生，而且出钱资助他们参加考试。而当林宾日退居家中时，则每日吟诗读书，作《饲鹤图》以养性。但实际上，林宾日并不全然以穷达原则为准。比如林则徐当官后，林宾日就无数次教导林则徐关于科举、治水、为官等方面的内容。虽然不在其位，但也算是谋其政了。林则徐谨遵父教，往往能将林宾日的理念融会贯通。不论是白居易还是林逋，他们的兼济或独善，都是止于自身。而到林宾日这里，即使是在独善之时，也可以通过家教，让子孙传承家风，即使不在其位，仍能让那种家国情怀发挥影响。因此，林宾日打破了传统的“穷则独善其身”“达则兼济天下”判然有别的界限。只不过，这种突破还只是初具雏形，进一步成熟，则需要林则徐的传承了。

宋人范仲淹云：“不以物喜，不以己悲；居庙堂之高则忧其民，处江湖之远则忧其君。”范仲淹还云：“先天下之忧而忧，后天下之乐而乐。”这是忘我的存在。应该说，林宾日独善其身、梅妻鹤子之时，的确凭着卑微的身份通过林则徐影响了天下。但林宾日作为一位上了年纪的岁贡生，无法身体力行。所以，他尽可能地在国家和朝廷需要的时候，鼓励林则徐，或者在林则徐需要的时候提供一些教导。

简单来说，因为身份止于岁贡生，这些就是林宾日在有限的生命中所能达到的高度。对林则徐来说，他则可以通过“海纳百川，有容乃大”和“壁立千仞，无欲则刚”将范仲淹这种忘我的理想实现。这样，林氏家风也获得了更大更醇的内涵。

如果林则徐没有忍受早年那些鸡毛蒜皮的迎来送往，可能也就没有今天的霸气拒绝。海纳百川，自然有“好川”，也有“坏川”，如果关闭了海门，“坏”的进不来，但“好”的也进不来。所以，不如统统接纳，再利用大海的自净能力，将其净化。

与“海纳百川，有容乃大”直接相关的就是“岂因祸福避趋之”。在林则徐玄孙的理解中，就是“临难而不退避，受屈而不怨尤”。

人的一生，只有在最关键的时候，才能看到气节，看到风骨。林则徐最敬重的偶像，是宋代抗金名臣李纲。而李纲欣赏的，正是范仲淹那种“不以物喜，不以己悲”的超越情怀。在其《素斋箴》中，李纲写道：

勿贪夫位，勿慕夫禄；有义有命，死生祸福。

殊途同归，何思何虑？养心浩然，独守其素。

在屡遭排挤和罢黜、壮志难酬的情况下，李纲一直秉持的正是宠辱偕忘、独守其身的君子风骨。早在求学时代，林则徐就曾无数次阅读体悟这位偶像的箴铭。后来在从政中，林则徐逐渐将李纲的这些思想，融入了自己的生命。

1838年十月，在觐见道光皇帝之前，林则徐在直隶与琦善会面，琦善暗示林则徐，不要挑起战争，实则是告诉林则徐放弃禁烟。当时，林则徐漫不经心地敷衍了过去。

十一月，林则徐抵达北京。道光皇帝连续八次召见他，强烈要求林则徐担任禁烟钦差大臣。鉴于当时的情况，林则徐推辞了多次。推辞的原因，有很重要的一条就是：道光皇帝为人反复无常，虽然暂时表现得非常坚决，但很有可能将来面临阻力的时候，他会倾向“弛禁派”；当战争不可避免地爆发、清朝处于劣势时，道光皇帝更有可能倒向“投降派”。当然，禁烟还会直接影响清政府的关税收入。林则徐对这些都很清楚，不过，他最终还是欣然接受任命。

不出所料，两年后，鸦片战争爆发，清朝很快就处于劣势。琦善被道光皇帝派往广东接替林则徐。琦善一到广州，就想去拜访林则徐，林则徐愤懑异常，直接拒绝了琦善的拜访，每日只是写字作书。在给亲戚林小庚的信中，我们才明白林则徐两年前为何要接受任命：

> 原知此役乃蹈汤火，而固辞不获，只得贸然而来，早已置祸福荣辱于度外……待不敢为一身计，而不能不为国体惜也。

林则徐很清楚，在当时的情况下，谁去广东禁烟，谁就是赴汤蹈火。但自己早已将祸福荣辱置之度外。他告诉林小庚，如果被获罪割职，只要再做计较即可。

随后，在被道光皇帝罢黜后，林则徐仍然坚持己见，上书《密陈办理禁烟不能歇手》，向道光皇帝进言。林则徐再次强调："一身之获咎犹小，而国体之攸关甚大。"他还告诉道光皇帝，就算让自己去其他地方，只要能继续效力，也必当殚精竭虑。

随后，被遣戍新疆伊犁途中，林则徐不仅写下了"苟利国家生死以，岂因祸福避趋之"豪言壮语，还告诉家人和朋友："自念祸福生死，早已度外置之。"

在《留别滇中同人》一诗中，林则徐写道：

> 膏肓或起生犹幸，宠辱皆空意自安。

这与李纲的《素斋箴》何其相似！这与范仲淹的"不以物喜，不以己悲"何其相似！对于封建士大夫而言，个人的荣辱往往都来自皇帝。而为了家国，林则徐将这些置之度外。每当国家有需要的时候，他都会奋然挺起双肩，一直到生命的最后一刻。

当年，林则徐受父命和陈寿祺鼓励，北上任职。在《答陈恭甫前辈》

中，林则徐批评当时官场是“有欲则刚无，此际伏病根”。意思是那些官员平时看上去假仁假义，一旦遇到真正的腐败诱惑，口中的“刚”就消失不见。林则徐也向这位前辈表示，自己一定会激浊扬清，绝不随波逐流。在后来的从政生涯中，林则徐总结为“壁立千仞，无欲则刚”，用来警醒自己和教育后人。林则徐的“刚”，可以分为“刚”陋习、“刚”皇帝、“刚”蠹虫等。当然，对侵略者的“刚”自然不必再提。

首先是“刚”陋习。

林宾日为人处世的原则是“不妄与一事，不妄取一钱”。林宾日虽然很穷，但绝不为了赚钱而做有违原则之事。对身家不清的学生，虽然有重金摆在面前，林宾日仍然不为所动。至于林宾日之妻陈帙，一生节约如初。夫妇二人身体力行，自然也将这些优秀品质传给了子女。

林则徐有父亲林宾日的风范，他入仕之后对钱财也极有原则。任钦差大臣之后，林则徐随身只带几名随从，由他们照顾饮食起居。这与当时其他的朝廷大员，迥然有别。每到一处，都下发传牌，加之自己又身居高位，所以下面的官员无不遵从。这样一来，林则徐从不在贪欲上露出破绽，也就不会从这方面被攻陷。

与陋习“刚”，这也不是一蹴而就的。林则徐刚中进士和为官时，还是初出茅庐的年轻人，原则性很强。比如在北京寓居的一段时间，家里添了好几个孩子，吃穿住行都成问题。但林则徐最多只是接受恩师张师诚和几个朋友的接济，绝不参加那些官僚和士大夫组织的“炭敬”或宴会。1816年，林则徐担任江西乡试考官，1819年担任云南考官。一直以来，各地对乡试主考官都是照顾有加，作为一个三十岁出头的小官，想要拒绝这些迎来送往并没有那么简单。有时，林则徐明明告知地方官不要搞大排场，但第二天一看，却是十分隆重。为了不影响工作，林则徐又不得不接受。无奈之下，林则徐只能在这种煎熬中做好本职工作。无论是选拔人才，还是在地方上治水赈灾，他都认真处理这些工作，但又必须赔上大量的精力去应酬。有时他参加完宴席，见完宾客，已经到深夜了，再处理公务，已疲惫不堪。人微言轻的时候，他不敢轻易发表看法，因为人心叵测，自己随便说几个字，就可能被告发了。在日记和给朋友的信件中，林则徐都表达了面对这种事情时所受的煎熬。

好在这种煎熬还算能忍受，也有办法解决。用什么办法？很简单，下令禁止。

十年后，林则徐担任湖北布政使。进入湖北后，林则徐从襄阳发出《由襄阳赴省传牌》，宣布：所雇船只，自己付钱；所雇脚力，自己付钱；仆从饮食，自己携带。拒绝一切官员的提前迎接，拒绝一切属员的酒食招待。如有违背者，立即查办。

1839年，林则徐南下禁烟，沿途下发另一份传牌——《奉旨前往广东查办海口事件传牌稿》。传牌中命令，沿途所住公馆，只准提供家常饭菜，不准提供整桌酒席。沿途也不许前站接后站送，如果有人假借此名义勒索挥霍，严格查办。

到达广州后，林则徐立即发布早已准备好的《关防示稿》，宣布：随从人员不准擅离左右，下面不必提供任何伙食。一旦遇到口称打点的，立即查办。所需物件，一律按照市场价购买，如有人借钦差大臣名义或禁烟名义勒索或赊账，一律查办。

随后，林则徐在自己门厅上手书大字：“海纳百川有容乃大，壁立千仞无欲则刚。”被传唤的十三行商人在经过此门厅时，不曾放在心上，或者认为林则徐只是作秀。商人伍绍荣行贿林则徐，被林则徐指着鼻子大骂：“本大臣不要钱，要你脑袋尔！”

其他大员又是怎样的呢？林则徐被遣戍新疆的时候，道光皇帝任命奕经为扬威将军，南下抗英。但奕经一出京，随行的亲戚朋友有数十人，而所谓的参赞、小钦差、印务、营务、文移、文案等所谓的办事人员，负责其饮食起居的人多如牛毛。这些人在奕经的“率领下”，一路游山玩水，吃喝嫖赌。而一应花销，全部由所经地方承办。这位扬威将军，简直堪比行走的饕餮。

作为道光皇帝的侄子，奕经是怎么抗英的呢？过程不说，众所周知的结果是，定海、镇海、宁波三战皆败，奕经狼狈逃到杭州，不敢出门。随后，奕经向道光皇帝建议：应该向英军表达和平的诚意。这不正是当年林则徐所痛恨的“有欲则刚无”吗？

林则徐和林则徐的后人，永远不会做这样的人。

不仅官场如此，在为人方面，林则徐也是这样教导子女的。1842年七月十八日，林则徐西行赴戍途中得知林聪彝喜得一子。林则徐在高兴之余，嘱托林聪彝：有些朋友必定会在你儿子满月时送礼，尽量不要接受。同时，告知家里的仆从，不要声张。你现在在西安，出关的时候必定有很多人相送，应当一一登门致谢。林则徐特别提到，当时还有一位知县也来送行了，自己并不熟悉，应当查明是谁，然后亲自登门答谢。

1847年，林则徐为三个儿子分家。在《析产阄书》中，我们知道，当了大半辈子封疆大吏的林则徐身无分文，只有房屋折合的约三万两银子。这点儿家当，别说和一般的封疆大吏比不上，就是许多中下层官员都比不上。即便如此，林则徐仍语重心长地教导三个儿子：应当恪守儒风，节俭度日，辛勤有加，不忘初心。如果因为放纵而破败了仅有的家产，就非我林则徐子孙。其实更深一层，林则徐就是用自己一生的言行告诉他们：壁立千仞，无欲则刚。

其次是“刚”皇帝。

在一些诗文中，由于时代的局限，我们能明显看到林则徐的忠君思想，以至于洋人都说林则徐是“道光帝的化身”。其实，那句“苟利国家生死以，岂因祸福避趋之”之后还有一句，就是“谪居正是君恩厚，养拙刚于戍卒宜”。但是，这并不代表林则徐就不跟君主“刚”了。

1833年，在担任江苏巡抚时，林则徐写下《会奏查议银昂钱贱除弊便民事宜折》，向道光皇帝上书。针对当时外国银圆在国内大量流通，而中国白银不断流失的严峻问题，请求国家自铸银圆，使其在民间流通使用。结果，道光皇帝龙颜大怒，直斥林则徐是离经叛道：“改铸银钱，太变成法，不成事体。”“洋钱流通已经难以禁止了，自家铸的银圆也流通了，岂不是更加麻烦？”林则徐虽然被责骂，却没有就此停下，而是违背道光皇帝的旨意，冒着犯“欺君之罪”的风险试铸银圆，用于民间流通。不过，由于缺少朝廷支持和更可靠的信用体系，不到一年，这些银圆就没了用处。但从这件事可以看出，林则徐的币制改革具有先导意义。到了1888年，清廷终于意识到这个问题的重要性，开始自铸银圆。从这件事也能看出，林则徐虽然忠君，但亦能为了真理而“刚”君。

最后是“刚”蠹虫。

在民间，林则徐一直被称为“林青天”，是因为他敢于和国家的蠹虫“刚”。可以用八个字形容林则徐的这种“刚”：“搏击豪强，风采卓著。”

1824年，林则徐任江苏布政使，负责全省赈灾事务。当时，长江两岸灾情严重，地主豪强和无良奸商囤积居奇致使粮价飞涨，如江宁、震泽等地的大地主都是带头拒绝赈灾，还反过来诬陷官府“勒派”。没多久，灾民越聚越多，成群结队地沿街乞讨或者闹事。林则徐一方面告诫灾民，本来受灾是可怜可矜，但如果闹事，就不可怜不可矜了。另一方面，林则徐直接采取强硬措施，要地方上的地主和官吏捐粮赈灾。他明文告诉那些奸诈的地主官吏：“假词挟制，本司一点也不怕。到时候你们奸计不得逞，后悔的日子长着呢！”

当时，丁忧在家的户部尚书潘世恩亦不曾捐粮。林则徐得知潘家屯粮一万多石，就去请潘家捐粮赈灾。潘世恩直接回绝道：“我家粮仓都是空的。”

林则徐笑道：“那太好啦，正愁其他官爷商人捐的粮食没地方放，借用一下您家粮仓吧。”不等潘家人阻止，林则徐已让人将潘家粮仓都贴上了封条。没两天，林则徐再开仓，将里面的粮食全都运出赈灾。潘世恩徒呼奈何。既然户部尚书家的粮食都捐了，那其他人敢不捐吗？

林则徐的“刚”，的确起到了作用。

后来道光皇帝驾崩，咸丰帝继位，下求贤诏，这位尚书向咸丰皇帝力荐林则徐。随后，林则徐再次被任命为钦差大臣。只可惜，林则徐逝于赴任途中。否则，潘世恩兴许还能见到林则徐是如何与广西的贪官们“刚”的。

对林则徐又恨又敬的英国人如此评价他：“忠诚地、几乎不间断地为他的国家服务了36年。在社会生活中，他以廉洁、睿智、行为正直和不敛钱财著称。”“他的最大的死敌也不得不承认，他的手从来没有被贿赂玷污过。在中国的政治家中，这种情形是闻所未闻的。”美国学者马士则评价林则徐：“林钦差的整个经历明净如水晶。”

第四节　苟利国家生死以

1839年正月二十五日，美国商人威廉 · 亨特站在自己的帆船上，帆船游弋于珠江江面。这时他遇到了一艘大船，他眯着双眼望过去，看到一个老头儿，“他具有庄严的风度，表情略微严肃而坚决，身材肥大，须黑而浓，并有长髯，年龄约六十岁”（威廉 · 亨特：《广州番鬼录》）。过了些日子，亨特再次见到这个老头，才恍然大悟，当初在帆船上看到的那位伫立船头、如渊渟岳峙一般的老头儿，竟然是林则徐。多年以后，亨特才发现，原来这样一个相貌平平的老头儿，竟蕴藏着那么的能量。

一、一个好汉三个帮

林则徐不打无准备之仗。早在道光皇帝召见自己之前，他就收集了全国各地很多关于鸦片的情况。林则徐还配了书记官给自己编册子，专门记载他在各地遇到的人才。在册子中，每个人的嗜好、才能、缺点都记得十分清楚。接下道光帝的任命后，林则徐心中早已有了几个重要人选。

马辰，安徽怀宁人，曾任湖南抚标右营游击。林则徐任钦差大臣时，马辰是个“废员”。马辰最擅长的，正如其官名一样是“游击”。曾在四川、湖北、湖南、台湾等地作战，经验丰富。所以无论是打探消息还是率兵作战，马辰的战斗力都远超一般人。马辰被黜，是因为家人私自收了替班兵丁的贿赂。当年，林则徐曾为替马辰求情而被降了四级。

1838年11月，林则徐路过安徽，立刻将马辰召来。看着这个五十五岁但精力充沛的男子，林则徐问他：“是否愿意为我效力？”马辰二话不说，果断答应。试问，能为林则徐这样的上司办事，哪个不愿意？

考虑到马辰的特长，林则徐一面上书朝廷奏请重新起用马辰，一面派马辰秘密前往广东，打探情报。林则徐告诉马辰，到广东之后，主要去各个海口打探外国商人和英军的情报。等到林则徐到达广东后，马辰已经收集了许多有用的信息。林则徐能够迅速展开工作，离不开马辰的前后奔波。不久，皇帝批准马辰复职，马辰正式在林则徐麾下开始禁烟工作。

1839年11月2日，士密和义律率领“窝拉疑”号和“海阿新”号战船闯进穿鼻洋面，挑衅清军。水师提督关天培遵照林则徐指示，拒绝了两人的无理要求。中午，英国商船“皇家萨克逊”号准备强行穿过穿鼻洋面，被关天培阻止。盛怒之下，士密下令开炮，突然袭击，穿鼻之战爆发。关天培挺立于桅杆之下，怒目圆睁，率领官兵奋勇抵抗。随后，英军败退，准备再次进攻。

接着，英军聚集在尖沙咀洋面，开始进攻官涌山。林则徐早前就有预料，命令关天培和马辰等做好准备。此次战役，前后历时将近半个月。马辰愈战愈勇，率五路炮兵迎击英军，先后六次击退英军进攻。英国军舰半浮半沉，英军狼狈逃窜。

林则徐在日记中写道：“官涌大获胜仗。”他夸奖马辰：“使英军于澳门不能陆居，于尖沙不能水处。”

1840年正月，英军进攻长沙湾。林则徐交给马辰一个特殊任务：统领水勇们偷袭英军。所谓水勇，主要是居住在沿海的枭徒，并非什么良善之辈。林则徐知道，这些人在正规军中没什么战斗力，但他们的水下功夫，一直都让英军忌惮。有趣的是，这些水勇的“工资”也是林则徐让洋商、客商和盐商们凑来发放的。二月二十九日，马辰率水勇们兵分四路，突然袭击英军，当场烧毁运送鸦片的商船二十三艘，活捉汉奸十多名。至于淹死的英军，也有不少。林则徐高兴地说：“这一战，不仅震慑了汉奸，也打击了偷奸耍滑的英夷。”

五月九日，英军在磨刀洋挑衅清军。马辰“故技重施”，火攻英船，烧毁大烟船一艘、小艇十一只，被火烧死、烟熏死、水溺死的英军士兵不计其数。

七月，马辰、游连升率五艘战船与英军再次战于磨刀洋。马辰领六百兵卒率先出战，出其不意，夜袭英军，直接攻破英年领帅士密的战船。周围英舰赶忙来救士密，将马辰围在中心，马辰临危不乱，连开子母炮，打得英舰阵型大乱，无法前进，马辰全身而退。

八月，马辰击伤英舰“架历”号，又在龙穴西南与英军交战。为了保证大炮的命中率，马辰冒险让船只靠近英军舰队。等到距离足够，马辰连开两门三千斤铜炮，将英舰头鼻打坏，打死打伤英军无数。

两三年里，马辰尽心尽力为林则徐奔走，林则徐三次上奏请求道光皇帝提拔马辰。不过，由于局势急转，琦善来到广州主持大局，林则徐被革职。马辰和关天培等在广州的防务几乎无法顺利展开。

十二月，马辰和关天培、李廷玉等守靖远、威远炮台，敌众我寡，琦善见死不救。镇守大角、沙角炮台的陈连升父子战死，马辰挥泪鏖战，指挥士兵反击，击毁英军战舰一艘。

1841年二月，虎门战役，关天培战死。马辰英勇抗击，但无力回天。心灰意冷的马辰随后被调任福建漳州游击，1860年，马辰卒于任上。

早在1838年七月，林则徐任湖广总督时，在汉阳治水，亲自到江边督防。当时江水汹涌，惊涛拍岸，大堤摇摇欲坠。他发现汉阳县丞彭凤池，还没等到自己的命令，就在堤坝上来回奔跑，指挥调度兵丁和农夫堵漏。林则徐发现彭凤池办事很有条理，很快就将漏水口堵住了。听到彭凤池的吆喝声，林则徐没来由地感到一阵亲近。在湖北，操着粤语口音的彭凤池，和自己当年带着福建口音学满文，一模一样。接下来再一详聊，原来彭凤池是广东人。

随后，彭凤池协助林则徐在湖北、湖南禁烟，捉拿了不少鸦片贩子。

林则徐从北京出发经过安徽时，彭凤池正在广东追拿逃犯。林则徐即刻写信告诉彭凤池：“你会粤语，又熟悉广东民风民俗，就留在广东继续帮助我。”同时，林则徐连同起复马辰的奏报一同送到了道光皇帝面前。

接到命令，彭凤池立刻利用自己丰富的经验，顺藤摸瓜，很快就找到了几处鸦片窝点。

之所以要起用马辰和彭凤池，是因为林则徐任钦差大臣的消息早已传到广东，当地那些贪污受贿和包庇罪犯的官员们个个惊惶万分，而那些经常和外商勾结的洋行老板们更加慌张了。这些官员、老板、洋商个个都开始着手准备应对林则徐，甚至还要给林则徐来个“下马威”。林则徐知道，这么“大摇大摆”地过去，很多有效信息已无法获取。但是，有了马辰和彭凤池作为“斥候”，很多事情就好办了。事实证明，马、彭二人对后来的禁烟和作战都起到了至关重要的作用。

其实，途经安徽时，除了起用马、彭二人，林则徐还在舒城顺道拜访了曾任广东香山县令的田溥（田小泉），原因无他，田溥曾在香山缉获鸦片“万数千斤”，有丰富的缉毒经验。虽然二人此前并不认识，但面对林则徐的真诚请教，田溥知无不言，二人一直聊到半夜才分开。

这样，虽然还未正式开始禁烟，林则徐却已做了精心准备。团队力量，无疑要远超个人力量。

到了20世纪，林则徐之孙林步随参与海界委员会，林则徐曾孙凌青在联合国参与制定各类宪章，都不是孤军奋战。相比起林则徐这种依靠自己力量组建团队的做法，林氏后人则是将家风传统融入先进制度发挥出的新的能量。

二、开发鸦片解药

鸦片，欧洲人称为“忘忧药”，在明清时期也经常被用来做麻药。但鸦片又是毒品，被称为“大烟”。在鸦片传入中国的过程中，欧洲多个国家都抹不去干系。第一个是葡萄牙，16世纪末时，他们就通过印度把鸦片传入了中国，这时中国人主要用鸦片来镇痛。第二个是西班牙，17世纪20年代，他们把吸食烟草的办法传入中国。第三个是荷兰，他们教中国人将鸦片和烟草混合在一起。第四个是英国，他们开始大量向中国倾销鸦片。

鸦片的危害，远远不止“谋财害命”四个字那么简单。

一个人一旦吸食鸦片，就会上瘾。如果中断吸食，就会导致身体出现不良反应，如发抖、发热、恶心、腹泻、失眠等。这时，这个人不得不继续吸食鸦片。人长时间吸食鸦片，会导致人体肌肤干燥、面目黧黑、眼眶深陷。这样，人就会丧失基本的劳动能力。相应地，家庭就会失去经济来源，国家也就没有能打仗的兵丁。当时人们把鸦片称为“相思土”，把鸦片烟称为“相思烟”，有诗云：“世间多少奇男子，一生甘为相思死。”一个人死，一个家垮，一个国也必然亡。

然而，鸦片背后的利益却没人愿意放手。一是那些将鸦片贩入中国的洋人；二是那些和洋人勾结的中国商人和官吏。据统计，1830年左右，中国每年用来购买鸦片的白银高达1亿两。由于清朝还实行白银铜钱共行的货币体系，这就造成了白银铜钱兑换比例失调。由于白银越来越少，所以就越来越值钱，也就可以兑换更多的铜钱。那么，相对地，铜钱也就越来越不值钱。然而，大多数普通民众都是以铜钱作为通用货币的。无论是工资收入还是买卖商品，铜钱数量不变，实际收入或购买力却大幅度下降。可是，当他们要交税的时候，却又要用白银。于是，国家经济体系就陷入崩溃边缘。魏源在《海国图志》中说："鸦片流毒，为中国三千年未有之祸。"

林则徐没有丝毫犹豫，他明确提出："标本兼治才行。"一方面，固然要阻止鸦片进入中国；另一方面，也要治疗鸦片成瘾者，开发鸦片"解药"。

其实，林则徐和鸦片打交道也有很多年了。他曾在民间接触过一种针对突发烟瘾者的急救方法。但这种方法效用不高，主要是将活鲫鱼捣烂混在清水里，灌入将死之人口中。这种办法死亡率极高，也不适合推广。后来，林则徐和妻子每到一处就遍访名医，潜心研究。1838年七月，林则徐已有了比较成熟的药方。他在给道光皇帝的奏折中将药方附上，并进行了解释。这段时间，林则徐已经在民间进行了一定范围内的推广。

九月，林则徐又上书汇报民间禁烟效果，他还提到两个药方在湖北推广后生效的例子。当时，林则徐和下属行走在大街上，道旁忽然冲出一位妇女，跪在林则徐面前，不住磕头。林则徐赶忙上前询问，才知道这位妇女的丈夫吸食鸦片多年，服用了林则徐开发的药丸后，已经彻底戒掉了烟瘾。如今，她丈夫身体重新健壮起来，家庭重建有望，听说林则徐经过这里，所以过来磕头拜谢。

真有这么神奇的药吗？道光皇帝似乎不太相信。实际情况是，林则徐的确开发出了两种药丸和两种汤药。前者成本较高，适合小众；后者成本价低，适合大众。

两种药丸，分别叫“忌酸丸”和“补正丸”。两种汤药，一是“四物饮”，一是“瓜汁饮”。

忌酸丸，顾名思义，该丸最大的禁忌就是服药时不能与味酸之物同食。否则，就将肝肠寸断。起这个名字，是为了提醒服食者。忌酸丸的配方，林则徐有详细说明。主要材料是附子、柴胡、升麻、沉香。程度稍重者，加生洋参、黄芪、白术、陈皮、木香。更重者，加当归、川连、黄檗、天麻、甘草等。制作成药丸后，饭前配合鸦片烟灰服食。前两日多服药，生效极快，几乎不再想吸鸦片。针对更加具体的症状，也添加相应的药材。如梦遗，就加牡蛎和龙骨；如咳嗽严重，就加杏仁和阿胶；如眼晕，就加丹皮和白菊……此后，逐渐减少服用量。这时候，减少的药丸就用补正丸代替。

补正丸，基本配方和忌酸丸相同，但去掉了黄芪、木香和附子等。重要的是不再用鸦片烟灰。在制作方法上，补正丸和忌酸丸也不太相同，主要是磨成粉，加以蜂蜜，调和成丸。此后，补正丸慢慢取代忌酸丸，等到忌酸丸完全不用后，补正丸还要服用十天半个月左右，鸦片之瘾就完全戒除了。

如前所说，忌酸丸和补正丸费用较高，一个疗程下来，花销高达数千文。而讽刺的是，吸食鸦片者家里往往穷得揭不开锅。这些人当然无钱购药，也没人愿意借钱给他们。所以，这两种药丸虽然效果极好，仍不适合大规模推广。

于是，四物饮和瓜汁饮诞生了。

四物饮，取赤砂糖、生甘草、川贝母、鸦片灰，混入清水，倒进铜锅熬制两到三四个小时。然后，将药渣过滤，汤药贮存在瓷中。早晨起床后和晚上睡觉前，各取一杯，配合开水服下。一锅药喝完后，大多数烟瘾都可以戒除。当然，烟瘾更重的，就重复熬制，反复服用即可。

瓜汁饮，专利权应当归属林则徐夫人郑淑卿。郑淑卿研究《本草纲目》后，配出了该药方。具体做法是：在南瓜开花时，将南瓜花、南瓜叶、南瓜根茎一道捣碎，取其汤汁服用，即可戒除烟瘾。而且，有些不小心服用鸦片中毒的，只要喝了瓜汁饮，就能解毒戒毒。最重要的是，瓜汁饮成本极低，几乎家家户户皆能做成。

对这四种药丸、汤汁，林则徐评价道："论功效，忌酸丸和补正丸最好。论便捷，首选四物饮和瓜汁饮。"

见到实际药方，又见到药方使用后的效果，道光皇帝自然不再怀疑林则徐。在此过程中，林则徐邀请江苏名医何书田撰成《救迷良方》。配合药方和药丸，林则徐先在南昌、汉口等地药店售卖，让所有人都能买得到。到达广东后，林则徐又在广东大力推广。没多久，他高兴地写信告诉妻子："药丸和汤汁的效果极好，凡服用之人，极少再复发烟瘾。"

因为这几种药的疗效，林则徐一度变成了"理想主义者"。他相信，用不了多久，中国将不再有沉迷鸦片的人。即便沉迷，也能药到病除。到那时，中国人将精神振作，身体强壮。

洋商和贪官污吏会让林则徐成功吗？答案是否定的。林则徐还得和他们继续斗智斗勇。

三、洋商地头蛇一把抓

这个世界不是有了解药，毒药就会消失。而在链条的那端，生产毒药和贩卖毒药的人，仍然活跃在山间和市井之中。

林则徐进入广东之前，马辰和彭凤池已经为他搜集了很多详细的资料，如鸦片贩子的活动范围、活动方式、流动规律、运送鸦片的船只、贮存鸦片的仓库等。到广州后，林则徐立即接见当地官员、民众、商人等，又去海关查阅档案，详细了解鸦片在广东的基本情况。随着翻译团队的组建，林则徐又开始通过外文资料了解更多情况。很快，林则徐就把情况搞清楚了。中国内地之鸦片，主要来自广东；广东之鸦片，主要来自十三行；十三行之鸦片，主要来自英国；英国之鸦片，又主要来自义律。于是，林则徐明确了三个工作目标：一是打击以十三行为主的国内烟贩，二是打击以义律为代表的国外商贩，三是收缴鸦片后进行“灭绝”处理。

十三行，又叫“洋货行”“洋行”，始建于明代。在清代，十三行是一个行商组织，主要负责传递朝廷政令、代缴海关关税、管理外商和进行对外贸易。换言之，十三行是清廷仅有的一个对外贸易商行。可想而知，即使是没有鸦片，十三行也是一个油水很肥的组织。随着鸦片巨大利益的诱惑，十三行行商们纷纷陷入其中。虽然清廷屡次下令禁止鸦片进入中国，但十三行行商却经常偷偷将鸦片报作其他货物蒙混入关。在这个过程中，十三行获得的贿赂不计其数。而更过分的是，外商们贩卖鸦片的白银，也有很多是通过十三行出境的。久而久之，十三行越来越嚣张，几乎明目张胆地和外商勾结贩烟。

毋庸置疑，惩治十三行必须是也必然是林则徐的第一目标。

不过，铁打的十三行，流水的地方官。以往和十三行作对的官员不是成了他们的“战友”，就是灰溜溜地离开了广州。奸诈的十三行行商们也打定了主意，他们要看林则徐到底能坚持几天。

不过，令十三行万万没想到的是，林则徐才到广州一周，就设了公堂召见十三行行商。仓促来到公堂的行商们，都以伍绍荣父子为主心骨。光是1834年以前，伍氏父子二人和洋商交易鸦片经手的白银就已高达数百万两。后来，他们直接为贩卖鸦片的洋商做担保。伍绍荣老奸巨猾，准备拿出以往的惯用伎俩，先向林则徐表忠心，麻痹林则徐。先是递交投名状：“愿以家资报效。”

“本大臣不要钱，要你脑袋尔！”什么世面都见过的伍绍荣一下子没了主张。抬头一看，林则徐须发怒张，一根手指已经杵到自己鼻梁前了。这样一来，伍绍荣顿时没了脾气，其他行商头领一看，只能乖乖地听从。林则徐当即下发两封谕帖，即《谕洋商责令夷人呈缴烟土稿》和《谕各国夷人呈缴烟土稿》，要求鸦片贩子按照规定缴烟，并告知英商如果遵循规则他们可以继续贸易。林则徐在谕帖中说道：若鸦片一日未绝，本大臣一日不回，誓与此事相始终，断无终止之理。

回到商会，伍绍荣等只能马不停蹄地把林则徐的消息转发给洋商们。根据以往的经验，洋商们并不相信林则徐真会如此，又问伍绍荣等人：“你们老老实实说真话，如果不按林则徐说的办，真的有性命危险吗？”

回想起那句“要你脑袋尔！”伍绍荣和大伙儿拼命点头。

将信将疑之下，以查顿、颠地、义律等为首的洋商们决定抵抗到底。不过，林则徐早料到他们会这样做。很快，林则徐就派人封锁了商馆，防止颠地这个大鸦片贩子出逃。然后，林则徐又下令中断与外国商人的贸易，并告诉伍绍荣等人，洋商什么时候统一缴上鸦片，就什么时候重新恢复贸易。稍微抵抗不久，鸦片贩子们决定妥协了，他们递交给林则徐联名书，表示愿意交出鸦片，并保证永不再带鸦片进入中国。同时，无奈的义律也只得起草通告，宣布缴纳鸦片。不过，义律在通告中说：“特别需要明了的是，英商财产的证明以及照本通知乐于缴出的一切英国人的鸦片的价值，将由女皇陛下政府随后规定原则及办法，予以决定。”本来，以林则徐的立场，这是维护民族尊严的正义之举。但基于英国立场，这封通告却为日后鸦片战争的爆发埋下了半根导火索。

到5月18日，陆陆续续收缴上来的鸦片一共19187箱并2119袋。

接下来，就是销烟的问题了。按照道光帝批复，林则徐决定将收缴的鸦片就地销毁。经过走访搜寻，林则徐知道销毁如此大批量鸦片的最好方法，就是在海边建造两个长宽各十五丈、深三米左右的大池子。池子底部铺上石板，四周打上木档，钉上模板，设上带闸门的涵洞和进水口。

道光皇帝还批复，销烟过程要让沿海居民和洋人们共同见证。按天真的道光皇帝的意思，无非是要向洋人们炫耀天朝国威。他说，要让他们“咸知震詟”[①]。对这样的命令，林则徐当然要遵从，毕竟销烟的确能起到

① 詟：zhé，丧胆，害怕。

震慑效果。

有趣的是，在禁烟之前，林则徐以非常传统的方式进行了祭海典礼。林则徐亲自撰写了《熬化鸦片烟土投入大洋先期祭海神文》，他告诉海中神灵和各类水族，我们销毁鸦片是为了除掉害群之马，但鸦片毒性甚大，熬化之后流入大海可能会伤害到水族。所以，请海岸线周边的水族们暂时退避，以免遭受鸦片的荼毒。

凿好大池子后，6月3日，广州虎门很早就已经人山人海了。轰轰烈烈的销烟活动很快拉开序幕。当时全中国都未销毁过如此多的鸦片，虎门销烟的办法也是临时新改进的。第一天，销烟的工人们效率并不高，从早到晚才一共销毁一百七十箱。但随着工人们熟练度增高，到十天以后，两个销烟池一天能熬化一千箱左右的鸦片。洋商们从起初的半信半疑，最后变成了无奈接受。

在此期间，林则徐还与著名的伯驾医生进行了会晤。这位医生兼传教士将一本地图集、一部地理书和一架地球仪送给了林则徐。也许从那时候开始，林则徐就已经隐约感觉到，在不远的未来，他的子孙们将会把脚步印在地球仪的另一端。但在此之前，林氏家风将是引领他们远行和归来的那盏明灯。

早在46年前，乔治·马噶尔尼爵士率团来到中国，就给乾隆皇帝送了一件礼物——地球仪。然而，这个在欧洲已经诞生了将近四百年的代表着向外开拓的小物件，和乾隆皇帝的藏品比起来，实在是太寒酸了。根据内务府记载，乾隆皇帝对地球仪、浑天仪一类的“玩意儿”丝毫提不起兴趣，何况地球仪上英国版图的颜色竟然还是中国皇帝专用的黄色。

就这样，经过二十天以后，一直到6月23日，收缴上来的鸦片全部被销毁。这就是震惊中外的虎门销烟。年轻的道光皇帝十分高兴，他朱笔一挥，在林则徐的奏折上写道："可称大快人心一事。"此时他还想不到，很快他就会拿着同一支朱笔，批下撤职林则徐的圣旨。

今天，在天安门广场人民英雄纪念碑底座上，我们仍然能看到"虎门销烟"的浮雕。用毛主席的话说，林则徐的销烟活动拉开了我们一百多年革命的序幕。接下来，林则徐就要以他那挺直的脊梁承受来自内外的夹击了。而这些，也是为后人所熟知的，林则徐抵抗英军有方，但架不住关天培、麦廷章等人的牺牲，架不住英国人长驱北上，架不住诸如杨芳[①]、琦善等一样的"猪队友"，更架不住皇帝直接撤职的圣旨。

四、戍边不嫌远

今天，非常流行一句话：哪有什么岁月静好，不过是有人替你负重前行。放在一百多年前的晚清，这句话依然适用。

1841年五月初十，道光皇帝以"办理殊未妥协""废弛营务"两个罪名，革去林则徐的四品卿衔，从重发落至伊犁"赎罪"。随后，林则徐北上，经老友王鼎推荐，到河南治水。治水结束后，王鼎尸谏失败，林则徐从河南启程前往伊犁。

在河南治水期间，林则徐总结了自己为官和为人的一些经验，也可以看作林氏家风的一些内容。林则徐告诉朋友："工次之事，总以勤、

① 鸦片战争期间任参赞，到广州后用妇女马桶驱邪、扎草人设道场抗击英军。

慎、廉、和四字处之。”其实这很好理解，就是勤快、谨慎、廉洁、平和的意思。做好本职工作，勤勉有加，廉洁自律，看上去理应是一个官员的本分，但实际上当时能做到的又有多少呢？林则徐提出这几点不是没有道理的。此后，林则徐的子孙们在各种环境中，也都继承了林则徐这一风范。

林则徐还说：“经过一事能留心者，即增一智，将来俱有受用处。但目前勿轻露于口，议论以少为贵，而心目中则务求其了然。”林则徐对大小事的态度，正是如此。被发往新疆后，林则徐发现，曾有早先在新疆戴罪遣戍的官员让民众募捐，并连年开凿水渠、分拨田地等，以此功绩上报朝廷，请赏赐还。很多人告诉林则徐，“捐赎”是一条离开新疆的可行之路。林则徐拒绝了，他告诉家人朋友，自己在朝廷也有不少政敌，“捐赎”不仅是承认自己禁烟的确有罪，还为政敌们留下了口实。不过，当时的长官布彦泰还是上书请求道光皇帝批准林则徐的“捐赎”，当然，结果可想而知，道光皇帝没有批准。

几十年后，林则徐的曾孙林步随和林轼垣都曾经历了晚清覆灭、辛亥革命、袁世凯称帝等重大事件，他们身处激流中仍能保持节操，正是因为坚守了林则徐“心目中务求其了然”这条家教。

林则徐知道，虽然在河南治水立了大功，但皇帝还把他定罪遣往新疆，说明至少此时道光皇帝绝不会以任何方式放过他。所以，不如好好在新疆韬光养晦，竭尽所能为新疆办一些实事。

去往新疆要经过陕西，从1842年四月至七月，林则徐因患疟疾，一直留在西安调养。这期间，英军攻陷吴淞，江南提督陈化成力竭殉国，随后上海陷落。到六月，林则徐疟疾即将痊愈，准备七月从西安出发前往新疆。与此同时，连番战败的朝廷已经准备割让香港岛给英国，并开通闽浙口岸，向英国人乞和。

七月初五，道光皇帝正式向英国人表达投降求和态度：

> 两载以来，沿海生民，突遭蹂躏，朕心实所不忍。与其兵连祸结，何如息事安民。

道光皇帝说，为了万民福祉，自己有万不得已的苦衷，相信耆英、伊布里等大臣一定能体谅自己的苦衷，好好和英人谈判，遵照和英人的所有约定。他告诉英国人，不必有任何顾虑。

七月初六，已经痊愈的林则徐自西安与家人分别，出发时，林则徐写下《赴戍登程，口占示家人》诗两首：

出门一笑莫心哀，浩荡襟怀到处开。
时事难从无过立，达官非自有生来。
风涛回首空三岛，尘壤从头数九垓。
休信儿童轻薄语，嗤他赵老送灯台。

力微任重久神疲，再竭衰庸定不支。
苟利国家生死以，岂因祸福避趋之。
谪居正是君恩厚，养拙刚于戍卒宜。
戏与山妻谈故事，试吟断送老头皮。

林则徐一面安慰家人不必伤心，另一面又以浩荡的胸襟诵出“苟利国家生死以，岂因祸福避趋之”的诗句，表达了自己把生死置之度外，只把性命交与国家和人民的人生志向。

九月底，林则徐一行沿着天山西南麓前行。他一路见到天山绵延不断，再想到自己如今已年满五十八，可谓是人生将暮，趁着兴头，对着天山白雪，赋诗一首：

天山万笏耸琼瑶，导我西行伴寂寥。

我与山灵相对笑，满天晴雪共难消。

从西安开始，林则徐经过四个月的长途跋涉，先后经过乌鲁木齐、遣戍者聚集的塔西河、土田肥沃的绥来县、水波浩瀚的玛纳斯河、峡谷壮美的库尔喀喇乌苏、波浪涌激的赛里木湖、如万花盛开的果子沟，最终和两个儿子一起到达了伊犁。

在这里，有两样东西将会被林则徐赋予新的名字和意义。

林则徐初来乍到，立刻感受到了比以往任何时候都强烈的水土不服。多年以来林则徐就患有鼻疾和脾泄，他自己懂一些医术，妻子郑淑卿则是医道好手，都知道这两种病的病理恰恰相反，极难根除。而且，西行途中刚患了疟疾，又经历连续三四个月极端路途中的奔波，所以，一到伊犁，在天气和身体的双重作用下，林则徐一天“作字不能过二百，看书不能及卅行”。因为力不从心，林则徐十分“嫌弃”自己：“体气衰颓，直如废物。”

鉴于林则徐初来乍到，水土不服，年迈体衰，伊犁将军布彦泰分配给林则徐的工作是掌管钱饷处。这倒不是布彦泰故意为难林则徐，但这种“照顾”让林则徐更加不适应。处在这种终日闲散、一无所事的状态中，林则徐还是教育儿子：“就算戍边，那也是为国效力，不分高低贵贱和作用大小。”

随着身体状况渐渐好转，加之闲暇时间还算较多，林则徐就有了不少时间去“越权”了。这正应了爱国诗人陆游那句诗：“僵卧孤村不自哀，尚思为国戍轮台。”

新疆，包括伊犁在内，千百年来人们面临的最严峻的问题，就是水利问题。而林家的家传“绝学”正是治水。林氏家风的形成和延续，与水的关系最密切。

林宾日一生从未进入过仕途，但所学所传却是经世致用，这在家风家学中体现了出来。所以，很多重要的方向性的治水经验，林则徐都是从林宾日那里学来的。1823年，林则徐升任江苏按察使，最大的任务是治水救荒。当时江南大水，田屋毁坏无数，溺死者无数，饥民无数。对此，林则徐深感焦虑。知道儿子的焦虑，林宾日写信告诉林则徐，要把握好救荒的七大策略，分别是从外地进粮、禁止囤粮、清查贫户、在官府赈灾之外劝富户赈灾、清理野外尸体、注意卫生、防止饥民生事。

1824年至1825年，道光皇帝派林则徐主持江浙治水工程。林宾日直接告诉林则徐，应该专心治水，其他职务则不必兼任。恰逢母亲去世，林则徐更感彷徨无计。林宾日又告诉林则徐：“三年之丧虽然是定制，但如果国家遇到急切困难之事，就有夺情一说。我让你继续任官，并不是为了利禄。如果现在逃避，就是不忠。对我和你母亲来说，也是不孝。你只要穿着素服履职上任，自然就不纠结了。”听完父亲的开导，林则徐才着素服去往高家堰督工。可见，对林则徐治水思想和成就的影响，最深的当数父亲林宾日。

来到新疆前，林则徐先后在江苏、湖北、河南等地治水，成就卓著，后又专门撰写了《畿辅水利议》（原名《北直水利书》），系统地阐述了兴修畿辅水利的重要性。作为伊犁将军，布彦泰如果想要做出政绩，必须在治水上下功夫。

这样一来，带着家传“绝学”和丰富的经验，林则徐虽然只是掌管“钱饷处”的小官，但是做了很多与治水相关的工作。

历代以来，西北都以屯田为重，一般包括“军屯”“犯屯”“回屯”等，都需要大量的生活用水和农业用水。如伊犁的阿齐乌苏本就是八旗军的屯所，八旗军在这里开垦了10万亩左右的荒地，因为水源问题而废弃了，八旗军也撤走了。布彦泰多次想让这些荒地变成良田，他的计划是在得到道光皇帝的批准后，拓宽旧有水渠，并从哈什河引水过来。但从哈什引水过来，要开凿将近450里的水渠。等到林则徐报到以后，布彦泰很清楚，虽然他的身体不一定吃得消，但只要把工程交给林则徐一部分，伊犁的水利工程就没问题了。没想到，林则徐却主动找到布彦泰，恳切地告诉他：“情愿认修龙口工程！”

从1844年五月开始，林则徐主动捐资置办开垦工具，带领民工们，花费10万多两白银，一边修筑河坝，一边开挖石坎，到十月，建成了10米多宽、6里多长的水渠。同时，阿齐乌苏大渠也得以连通。于是，这10多万亩荒地都得到了灌溉。渐渐地，因为林则徐的功绩，阿齐乌苏大渠也被人们称为“林公渠”。

水渠建成后，布彦泰为林则徐的处世为人深深折服，默默地写了一封请求道光皇帝赦免林则徐的奏折，他说：“奴才鼠目寸光，平生所见之人，实无出其右者。”今天，这一份名为《奏为开垦阿齐乌苏荒地和捐修湟渠龙口首段一律完竣实为难得事》的奏折仍收藏在博物馆。不过，道光皇帝没有对布彦泰的奏折进行回复。所以，像《清史稿》在记载阿齐乌苏水渠的时候，也是对林则徐只字未提。毕竟，这时候的道光皇帝正忙于同法国签订《黄埔条约》。一边是眼前的虎狼环伺，一边是大西北的忠臣之心。道光皇帝只看到了眼前，没看到大西北。

十一月，朝廷命令林则徐顶替因病开缺的达洪阿去南疆八城处理开荒垦地事宜，这八城分别是库车、阿克苏、乌什、叶尔羌、和阗、英吉沙尔、喀什、喀喇沙尔。当然，并不是这八城都由林则徐负责。所以布彦泰就问林则徐："君欲远乎？欲近乎？"意思是远近由你自己选。61岁的林则徐毫不犹豫地告诉布彦泰："林某愿远！"随后，林则徐带着儿子林聪彝开始往南行。从1845年年初到年底，林则徐父子所经行程七千多里，勘察垦地面积五十七万多亩。在此过程中，林则徐经过很多地方，都发现了坎儿井，它们全都从地下穿过，引水灌溉，效用极强。林则徐了解到，像吐鲁番这些地方之所以农业发达，全都仰仗坎儿井。可惜的是，朝廷并未重视，也没有资金支持，所以坎儿井并没有得到推广。于是，林则徐一边勘察各地土地，一边制订了在各地推广坎儿井的计划。不过，还没来得及实施，林则徐就被道光皇帝召回去担任陕甘总督了。随后，接替布彦泰担任伊犁将军的迎阿在林则徐走后，迅速将坎儿井在吐鲁番地区进行了推广。二十年以后，左宗棠率军来到新疆，他发现吐鲁番地区的坎儿井普遍年久失修，而当年林则徐在建伊拉里克河渠的时候，曾将坎儿井之法用于其中。于是，左宗棠命令手下进一步推广坎儿井。左宗棠在人生中的关键几步，都与林则徐密不可分。当年林则徐还在张师诚幕中时，左宗棠刚出生，他们都想不到，祖国的大西北会将他们这样联系起来。

就这样，坎儿井也有了一个新名字——“林公井”。

从新疆召回后，年过半百的林则徐先后在陕西担任陕甘总督、陕西巡抚。1847年，朝廷任命林则徐为云贵总督。这一年，林则徐写下《析产阄书》，为诸子分家。由于和云南有过多次缘分，林则徐不仅多次提携云南人才，又在云南平定暴动和平反冤假错案。所以，到1849年，林则徐离开云南时，沿途相送的官民数不胜数。行至长沙，林则徐会晤左宗棠，将自己在大西北未竟之事告于左宗棠，左宗棠铭记在心。1850年，朝廷再次任命尚在病中的林则徐出任广西钦差大臣，但林则徐行至广东潮州普宁县时因病逝世。

林则徐逝后，咸丰皇帝连忙自制挽联：

答君恩，清慎忠勤数十年，尽瘁不遑，解组归来，犹自心存军国；

殚臣力，崎岖险阻六千里，出师未捷，骑箕化去，空教泪洒英雄。

若林则徐地下有知，倒也会感到欣慰吧！

在那个时代，像林则徐这样能够挽大厦于将倾的英雄式人物实在太少了。他的逝世，意味着清廷失去了台面上的支柱，也意味着接下来清廷将面临更多内忧外患。

但林则徐无愧于“苟利国家生死以”七个大字。那么，林则徐的后人呢？历史和现实告诉我们，传承林氏家风的后人也无愧于“苟利国家生死以”七个大字。

第四章

家风传后人：改天换地

美国社会学家爱德华·希尔斯在《论传统》中说，传统“至少要持续三代人——无论长短——才能成为传统”，家风就是这样一种传统。所以我们讨论林氏家风，就不能囿于林则徐或其父亲，还应关注他们的后代。幸运的是，历史留下了林氏后人在风云激荡的年代里改天换地的壮举和传承家风的故事。

第一节　晚清砥柱林家子

一、人文双俊林汝舟

1814年正月初四，林汝舟在北京出生。作为长子，自然是被林则徐夫妇寄予厚望。和两个弟弟不一样，他既没做过大官，也没留下太过轰轰烈烈的事迹。纵观一生，林汝舟却配得上“人文双俊”四个字。这虽是林则徐教育和林汝舟自我修养的结果，但并非一帆风顺。

一个重要的原因是林汝舟未能受到持续稳定的教育。虽然两岁就在北京开蒙了，不过那时林则徐俸禄极低而家中开销极大，所以不能给林汝舟提供很好的读书条件。后来，林则徐屡次调换任职，有时屁股还没坐热，又被调到遥远的另一省了。这种动荡对作为长子的林汝舟，也是有影响的。

1827年，林则徐任陕西布政使。由于政务繁忙，林则徐就聘请了好友刘建韶任家庭教师，负责林汝舟的教育。既是好友，自然志趣相近，刘建韶的教育，其实就是在科举之外，又加了一门经世。林则徐一直很担心林汝舟的成长，所以多次写信告诉刘建韶："一定要严加训导。"

在多年的漂泊中，林汝舟耳濡目染官场习气，但荒废了不少功课。就为官来说，这或许是一件好事，但就科举而言，却不是好事。

林汝舟读书作文走的弯路，都被林则徐发现了。第一次是在刘建韶门下读书时，林汝舟写的文章有根基不稳、好高骛远的问题，林则徐立刻告诉刘建韶，让刘建韶把儿子"拉回来"。

后来，林则徐履任江苏，林汝舟也在江苏暂住备考。1832年，林汝舟从苏州赶回福州参加乡试，也为妹妹林普晴和表弟沈葆桢主持订婚仪式。果然，林汝舟连举人都没考上。于是林汝舟回到苏州继续备考，林则徐写信告诉他乡试和会试的法门只有一个："文笔健举。"此外，林则徐还详细告诉儿子，读书作文的两个重要原则：先是要以类相求。比如要学理学，就应该抓住"性命"这一关键词来理解古今名家的文章，并且一定要读那些深入浅出条理明晰的。又如要学政事，既要在宏观上领会名家们的理念，也要在具体上把握兵、农、礼、乐各家要旨。再是循序渐进，即先要能读，再要能记，再要能用。也就是说，读书最终是要将读来的东西化为己用。而且，与人雷同是大忌，千万不要因袭古人或模拟同辈。

林汝舟十分清楚，父亲自己有读书考试经验，又做了多次乡试会试考官，这些自然是金玉良言。林则徐不无骄傲地告诉大儿子："我们家藏书最多，只要你好好读三年，必有所成。"林则徐还说，只要有机会，也应当行万里路，游览名山大川，这对陶冶性情和读书写文章都很有用。林汝舟谨记在心，念之行之。

1835年秋，林汝舟以第五名考中举人。这时的林汝舟，已经小有才名了。当时考试结束后，主考官程祖洛在一旁观看诸生，看到林汝舟翩翩而过，忍不住感慨道：“观其人，凝重有风度，诗书气自华，读其文，一如其人。”程祖洛给林则徐写信，丝毫不掩饰夸赞之情：“整个福建这次参考的诸生，我看来看去，当得起人文双俊这个评价的，只有你儿子！龙生龙，凤生凤，还是你家教有方啊。”

三年后，林汝舟顺利考中进士，选为庶吉士，授翰林院编修，开始了小京官生涯。而这，也成了林汝舟任职的“顶峰”。此后，林汝舟就开始了“低调”生涯。

由于早年一直随侍父母身边，林汝舟颇具政治眼光，且十分开明，林则徐经常和他讨论一些重要事务。林则徐在广州禁烟时，曾写信和林汝舟分别谈到了读书、做官和禁烟。

关于读书和做官，林则徐非常通达地告诉林汝舟：“服官时应时时作归计，勿贪利禄，勿恋权位；而一旦归家，则又应时时作用世计。勿儿女情长，勿荒弃学业，须磨砺自修。”这正是典型的林氏家教。当时弟弟林聪彝科考不中，林则徐让林汝舟回家劝慰弟弟。林汝舟深听父言，从北京返回福建，侍奉母亲，料理家事。

在另一封长信中，林则徐向林汝舟详细记述了在广州禁烟的种种，包括琦善里外坏事、纵容汉奸、自己和英军作战等重要事件。将这些写在信中，足见林汝舟在林则徐眼中就是另一个自己。不过令人遗憾的是，随后林则徐被道光皇帝罢黜，林汝舟也仍只是京中小官。

林则徐被遣戍新疆时，林汝舟一路随行到陕西，本欲一同前往新疆。但按朝廷律例，林汝舟有功名在身，属于在职官员，不得随意出关。林汝舟只得将父亲护送到乾县才返回西安照顾病母。林则徐语重心长地告诉林汝舟："我虽然上了年龄，但老骥伏枥，你不必担心。你两个弟弟都随我去了新疆，你就应该将家里的一切事务承担起来。你母亲身体羸弱，切记在寒暑换季之时照顾好她。"

临别之际，林则徐又教了林汝舟两个为人处世的原则："遇事少说，遇事多忍。"林汝舟含泪应允。

此后几年，林汝舟对当官愈加兴味索然，更专注于家庭。不过，林则徐仍然时不时写信跟他交流一些重要问题。

1847年，林则徐任云贵总督，又跟林汝舟谈了回汉民族关系问题，这在今天看来仍有进步意义。林则徐告诫林汝舟：要有两个不必，第一是不必先入为主将人分为汉人和回民，第二是不必给回民贴上匪寇标签。奏折递送到皇帝那里，当然也就误导了皇帝，这是很不好的。当时的林汝舟已经三十三岁，作为家中长子，又在京任职。如果顺利，林汝舟以后也将在外任职，所以关于民族和国家的重要理念，应当先蕴养在胸中。

其实前几年，林则徐就跟林汝舟交流过民族问题。在南疆勘查土地时，林则徐眼见西北人民生活艰难，就写信与林汝舟讨论：

> 此次历尽八城，亲见其居处饮食之苦，男女老幼之愚，实在可怜。一人两个冷饼便度一日，桑葚枣杏瓜果一到熟食即便度饥，并两个冷饼亦不舍得吃。如此好百姓？汉民众安得有之？

1849年，林则徐因病卸任云贵总督。林汝舟和两个弟弟一同护送父亲从云南回福建，经过长沙时，林则徐病情加重，林汝舟操劳过度也生了大病。到了南昌后，父子都在百花洲休养。想不到这竟是一生中少有的，也是最后的父子相聚时光。第二年，林则徐逝世。

当时，深受林则徐赏识的左宗棠写下长联悼念林则徐：

附公者不皆君子，间公者必是小人，忧国如家，二百余年遗直在；

庙堂倚之为长城，草野望之若时雨，出师未捷，八千里路大星颓。

随后，左宗棠致信林汝舟，劝慰他传承林则徐家教家风：

若非行状、家传，质实陈叙，是使我公心事不尽白于天下后世，而当年国是亦无所征信。此则海内外知公者不能无重望于仁人孝子者也。

这句话的意思是，幸好有你传承林公家教，否则林公的愿望不能让天下明了，林公的事迹不能让天下知晓。所以，天下依仗林公的，都寄厚望在你身上。作为家中长子，林汝舟如何不懂左宗棠这番话。

守孝期满之后，林汝舟终于“升官”，成了“侍讲”。不过，林汝舟早已不再汲汲于仕途，所以也没怎么放在心上。

林汝舟曾短暂在曾国藩幕中任职。湖北巡抚胡林翼也认为林汝舟“品行纯谨，才堪经世”，便举荐林汝舟帮办江南大营军务。但遗憾的是，还未上任，不到五十岁的林汝舟便去世了。

林汝舟死后，留下妻子和年仅七岁的儿子林洄淑。

二、安贫儒素林洄淑

林洄淑（1854—1887），字小帆，自幼聪慧，才气十足。由于父亲早逝，所以由母亲抚养长大。但林汝舟去世后，同样受了林则徐教育的沈葆桢站了出来。沈葆桢沿用了林则徐的教育办法，格外重视林洄淑的成长。

林洄淑不负众望，16岁时就中了秀才，21岁（1875年）即考中进士。林洄淑虽然聪明早秀，但有一个小缺点：不够持重。这和父亲林汝舟十分相似。沈葆桢说："你天性聪颖，但如果能在规矩上下功夫，就能成为天上飞龙。说得严重一些，你必须经历一些磨难。"

另外，可能是从小缺少父教，林洄淑在金钱上也是大手大脚。沈葆桢毫不客气地教训林洄淑："林家世传儒业，你如果不懂得节俭，将来生活就会非常艰难。"姑丈严肃的样子，让林洄淑回想起父亲的严厉。

和林则徐、林汝舟一样，林洄淑也继承了家风中最显著的爱国之气。

1874年，日本政府通过《台湾番地处分要略》，无耻地提出台湾是"无主之地"，是"清国政府政权不及之地"。随后，日本进攻台湾多地。清廷任命沈葆桢为钦差大臣，督办台湾事务。

当时很多爱国青年纷纷投入沈葆桢帐下，为国效力。作为林家后人，林洄淑也激愤不已，写信给沈葆桢，要求参加卫台战役。不过沈葆桢劝慰林洄淑道："你是家中独子，如果你死了，你母亲怎么独活？"后来，沈葆桢推举林洄淑去福建船政局任职。

举荐之时，沈葆桢告诉福建巡抚丁日昌——这位洋务大臣："林洄淑一直倾心洋务，只是苦于没有机遇，希望您能给他一个机会。”知道林洄淑是林则徐的孙子，丁日昌哪有不接收的理由。于是，林洄淑开始担任船政学堂总稽查。

年少轻狂的林洄淑在船政学堂任职不久，又有些心浮气躁。沈葆桢又写信严加训斥：“想一想你的祖父，你的父亲，你还好意思这样洋洋自得吗？”林洄淑拿着书信冷汗涔涔，开始冷静反省：“我不能辱没了林家家风。”于是我们看到，在林洄淑此后短暂的人生中，他开始努力让自己成为真正的林家人。

林洄淑先是继承父志，继续整理祖父林则徐的著述。林汝舟在世时，就和沈葆桢共同着手整理林则徐的政书、奏议、诗文、御夷案等。但林汝舟因病去世，这个工程就半途而废了。而后，沈葆桢因为政务繁忙，也就将此事搁置。林洄淑找到沈葆桢，将这个工作接了下来。1876年，林则徐逝世26周年、林汝舟逝世15周年，经过林洄淑的努力，《林文忠公政书》终于在北京刊印。意料之中的是，《林文忠公政书》一刊出就供不应求。几年后，林洄淑又将其再版。这次，他找到了李鸿章和左宗棠，请他们分别题名作序。当年（1849年）林则徐途经湖南，曾在湘阴专邀左宗棠会晤。在会晤中，左宗棠仔细向这位前辈请教。林则徐将左宗棠视为绝世奇才，丝毫不加隐藏，将毕生从政、治水、御敌的经验尽数传授给了左宗棠。这便是历史上大名鼎鼎的“湘江夜话”。此后，左宗棠经略新疆之策，多受林则徐影响。因此，对左宗棠来说，林则徐亦师亦友。左宗棠在序中称赞林则徐“忠诚体国，独有千古”，又说林则徐的遗产固然不一定局限在此书中，但此书却一定可以延续林则徐的遗产。

在整理的过程中，林洄淑还搜集了大量林则徐传下来的文物和著述。

1881年，母亲去世。林洄淑去官丁忧，因伤心过度，突发心病，整整用了一年时间才恢复过来。经历生死大劫的林洄淑，似是看透了人生。林洄淑找人在马限山上修建了别墅，起名“蜦海楼”。林洄淑每日在山上和妻子陈氏读书唱和。有时，林洄淑也邀请朋友来饮酒集会，常常醉卧巨石之上，俨然又一个梅妻鹤子的林家子弟。

林洄淑常常在山巅南望，他说：“这里能看到虎门。”

三年后，中法马江战役爆发。福建水师几乎全军覆没，蜦海楼在大火中化为废墟。令人痛心的是，林则徐的旧物和著述也毁于一旦。而又令人庆幸的是，林洄淑早前已将林则徐之书整理刊刻了。这正应了左宗棠那句话：“这书一定可以延续林则徐的遗产。”

后林洄淑应征进京，染上寒疾，不幸早逝。

早年志气远大的林洄淑，终是在传承林则徐的精神财富中延续了林氏安贫儒素的家风。

多年以后，清廷覆灭，民国建立。时任福建禁烟总办的林洄淑的堂弟林扬光（林则徐侄孙）再登马限山，想起林洄淑，感慨无限，作下诗篇《蜦海楼晓望》：

满目滔滔洗客愁，水云迢递独登楼。山家烟火冲檐白，海港潮声入槛秋。遥见树围成小市，微闻橹响过扁舟。碧天无际长鲸伏，静对沧溟上下流。

林洄淑还有一位堂兄林泰曾。林泰曾为林则徐弟弟林霈霖之孙，亦称沈葆桢为姑丈。林泰曾毕业于福州船政学堂，先后数次赴欧洲学习。随后，他又同丁日昌在英国验收“超勇”舰和“扬威”舰，并驾驶“超勇”舰回国。1886年，林泰曾任“镇远”舰管带，1888年兼任管带和左翼总兵。1894年，甲午战争爆发，林泰曾指挥“镇远”舰与“定远”舰配合，重创日舰多艘。林泰曾后率军舰驶回威海，回港途中，军舰因躲避水雷而触礁受损。眼见军舰不能再和日本鏖战，他自责不已，自尽殉国。

三、忠孝双全林聪彝

林聪彝（1824—1878），字听孙，林则徐次子。

1824年，林则徐之母陈帙在福州去世，林则徐携妻归籍奔丧，林聪彝在途中出生。

林聪彝人生的前26年，以家庭为中心，要么随父在任，要么在家奉养母亲。由于家教和天性，林聪彝十分孝顺。

林则徐诸子中，林聪彝伴随父亲的日子最久。1840年，林则徐遣戍新疆，林汝舟不得随行，17岁的林聪彝随父西出。才到兰州，接到家信，林聪彝得知母亲病情加重。向父亲禀告后，林聪彝策马连行五昼夜赶回西安。所幸郑淑卿没多久就好转了，林聪彝才重新出关去追随林则徐。林聪彝随父往来库车、阿克苏、乌什等八城。当时，在勘察过程中，一般丈量工作是林聪彝和林拱枢分属两头，再由林聪彝作标记，登记在册。所以，林则徐所勘察的几十万亩垦地中，十有八九都是林聪彝丈量出来的。其间，不到二十岁的林聪彝写下《西行日记》，记录了很多垦地之法。

1847年，郑淑卿去世，林聪彝丁忧三年。1850年，朝廷起复林则徐，希望林则徐前往广西与太平军作战，丁忧结束的林聪彝随行。途经潮州普守时，林则徐病情加重，林聪彝一直伺候在侧。临终之际，林则徐口述遗折，由林聪彝代笔。林聪彝与赶来的大哥一道，扶柩回乡。这样一来，林聪彝又在悲痛中守制三年。

自17岁去新疆，又从23岁开始六年守制，一直到29岁，林聪彝仍然只是个郡庠生身份。从这方面来看，林聪彝的科举之路被耽误了太多。

守制结束后，林聪彝携三弟林拱枢一道应召进京，被朝廷恩赏为举人，并授内阁中书之职。不久，林聪彝请假回乡经过苏州，拜访了怡良。这位积极支持和配合林则徐禁烟、抗英事业的满洲正红旗两江总督，对林聪彝晓之以理、动之以情，让他留在苏州负责团练、赈灾和抚民事宜。

林则徐曾不止一次地告诉林聪彝："读书贵在用世，如果死读书而没有阅历，那么读再多的书也是无用的。"

林聪彝继承父训，在任上尽职尽责。当时，太平军已经攻陷南京，大批难民逃到苏州，城里城外哀鸿遍野。林聪彝带领下属，全天奔波在各个难民集中地，尽量详细地统计人口，再按人头分发口粮。在乱世之中，流落至苏州的三万多难民，能活下来，全赖林聪彝之功。

很快，林聪彝就被擢升为员外郎衔候补主事。随后，湖北巡抚胡林翼向朝廷举荐林聪彝到湖北任职，他对林聪彝的评价是："综理精密，志行精严。"

其实，就连林聪彝自己对这封举荐自己的奏疏都觉得莫名其妙。虽然林则徐当年对胡林翼有知遇之恩，但自己和这位巡抚并无多少交集。不过，胡林翼却对他做了详细的调查，了解他继承了林则徐经世致用的思想，而且人品才能俱佳。奏疏上达后，朝廷很快批复，要求林聪彝尽快上任。

可惜的是，这一年大哥林汝舟去世，加之因病在身，林聪彝未能赴任。

1862年，清廷任命左宗棠为浙江巡抚。当时浙江诸县已陷落殆尽，仅剩衢州一座孤城还在艰难支撑。左宗棠来到衢州后，将衢州作为大本营，并向朝廷举荐林聪彝担任闽浙总粮台提道、衢州知府，让他协同自己与太平军作战。当年林则徐和左宗棠的“湘江夜话”，林聪彝也是见证者。左宗棠对林聪彝委以重任。

坚守衢州期间，林聪彝昼夜巡视，丝毫不敢怠慢。而行军打仗最重要的军资后勤，林聪彝为此进行了妥善处理。林聪彝还将城里城外的流民全部收罗进来，一是防止其被杀害，二是防止其作乱。好几次太平军都想趁左宗棠左右支绌之时偷袭衢州，没想到每次都在林聪彝的严密防御下，只得作罢。不久，浙江平定。林聪彝因功擢升道员，并任浙江按察使。任职期间，林聪彝专心剿灭太平军余党，保证往来百姓的安全。在很长时间里，嘉湖道因为有林聪彝镇守而比其他地方要太平得多。

1864年10月，太平天国侍王李世贤从广东进入福建，攻陷漳州，再取龙岩。左宗棠率大军南下，进攻李世贤。林聪彝自献一计，带领部分人马从海上南下。不到十天，林聪彝就赶到了福建。第二年五月，李世贤兵败逃出福建。

1868年，朝廷任命林聪彝为杭嘉湖道，督修海塘，而这正是四十多年前林则徐所任之职。林则徐逝世后，林聪彝曾详细整理父亲的文稿，编成《文忠公年谱草稿》，其中记载，林则徐在1820年曾亲自勘察浙江海塘水利。林则徐发现，旧有的十八层海塘有许多薄弱的地方，需要修建厚实的新塘来替代。这些经验对林聪彝来说，当然非常宝贵。而当年在江苏赈灾时，林则徐秉持的原则是“无一事不尽心”，为了顺利将赈灾的粮食和银两发放到百姓手里，林则徐要求大家亲力亲为，发放钱粮时做到：户必亲填；人必面验；票必亲给。查完一户，即以油灰书其面首；查完一屯，即将糊口榜诸通衢；查完数屯，即汇开口数清册，将花名册移送该管州县；赈票上盖用委员衔名戳记，使验票者即知何员所查。这些经验，林聪彝悉知无误。

上任之后，林聪彝时时谨记父亲教训，并以父亲为榜样，与劳工同吃同睡，几乎从不离开工地。为了防止一些官吏、劳工偷奸耍滑，林聪彝嘱咐手下将材料一一记录在册。由于经常泡在水中抢险办公，又很少休息，久而久之林聪彝就患上了“湿疾”。

1872年，因病情加重，林聪彝只能辞职回到福州。

1877年，浙江巡抚梅启照邀请林聪彝“出山”，林聪彝应允。但恰逢福建发洪水，因有治水经验，林聪彝便被挽留在福建抗洪。和父亲林则徐一样，林聪彝也秉持“苟利国家生死以”的精神。虽然碍于情谊才接下工作，但他仍每日到江边河岸视察水情，安排工作。连日劳累，他旧疾复发。第二年，林聪彝病逝。

林聪彝的前半生，是在侍奉父母中度过的；林聪彝的后半生，则是在报效国家中度过的。

和祖父、祖母、父亲、母亲一样，林聪彝性情节约，又常常急人之所急。遇到有贫病的亲戚朋友，林聪彝总是第一时间给予资助。在家养病的最后几年，林聪彝效仿祖父，过着闲适的生活，每日以教子女读书为乐，绝不掺和政事。林聪彝逝世后，子孙为其立铭，其中有“禀奉庭诰，导扬盛轨……维孝与忠，邦家之光”之句。毫无疑问，忠孝两全的林聪彝，传承和发扬了林氏家风。

林聪彝之孙林炳章（1874—1923），1894年进士，1906年任福建高等学堂监督，将福建贡院改为学堂，并将第一批20多名毕业生送往日本留学。随后，他又筹集资金修建了大礼堂、事务室、教员室、接应室、图书室、博物室、标本室、实验室，皆创福建之先。同时，林炳章还担任福建去毒总社社长。辛亥革命后，林炳章又历任福建盐政督办、财政厅厅长、市政厅厅长、闽海关监督等职。同时，林炳章也信奉实业救国，亲自同福建富商筹措40余万元，开办了实业公司，由毕业于日本东京帝国大学，学过化工和土木工程的弟弟林恩溥（1893—1933）任董事，研发生产酒类、皮革等。在一段时间里，工厂效益和名声都不错。不过，因为林炳章的早逝，加上内外环境的恶劣，公司最终也倒闭了。

林炳章第五子为林崇墉，1907年出生于福州，1921年赴欧洲就读于比利时布鲁塞尔中学，后回国就读于中法大学，又在巴黎大学攻读法学博士。为了纪念林则徐，发扬林则徐精神，1968年，林崇墉在台湾出版了《林则徐传》。在书中，林崇墉总结了林则徐的精神是：“文忠一生任事而不牟利，尽瘁而不热中，临难而不退避，受屈而不怨尤。”这亦是对林氏家风的总结和肯定。

林聪彝曾孙林心贤（1918—1967），就读于天津北洋大学土木工程系，1938年加入共产党，新中国成立后成为中国科学院的骨干领导。

四、有乃父之风的林拱枢

林拱枢（1827—1880），林则徐第三子。林拱枢的一生，以23岁为界：前二十三年受林则徐的教育，后三十年进入仕途发扬林氏家风。

（一）耳提面命的成长生涯

1841年，14岁的林拱枢西行出关，和哥哥林聪彝一道，协助林则徐垦边。1844年，大哥林汝舟向朝廷上书，请求代两个弟弟服侍父亲。七月，林则徐留下林聪彝，让林拱枢先回西安，请刘建韶代为教育。

当年冬天，林则徐写信给刘建韶，提到林拱枢和林聪彝在新疆是“游戏度日”“十分荒废”。虽然在新疆学到了不少经世致用的本领，但读书却荒废了不少。所以他请刘建韶好好把关，严格督导林拱枢的学习。

当时，刘建韶在临潼任职，往来西安频繁。于是，每次塾师批改完林拱枢的作文后，都要交给刘建韶再次审阅。在得到刘建韶指点后，林拱枢进步较快。

到第二年，刘建韶告诉林则徐，林拱枢的文字“字句虽未调适，而笔气却利场屋”，意即适合科举。这年，林拱枢在家信中照例附上自己的文章，请父亲过目。大概是得到了肯定，林拱枢在信中有些自得。

可能是“久在樊笼里，复得返自然”，逃离了新疆的艰苦环境，林拱枢一下子有些“得意忘形”。不过很快，他就收到了父亲的“远程教训”。

离开新疆时，林拱枢曾同林则徐一道拜谒了伊犁将军扎拉芬泰，后扎拉芬泰调任库车和阿克苏。此后，林则徐和家里的往来家信，一般都由扎拉芬泰代转代寄。年轻的林拱枢还不太懂人情世故，也没有写信请安道谢。林则徐告诉他：“你应该先写信给札大人，称札大人为老伯，自称为愚侄，并说没有机会请安，十分遗憾。恭维一番之后，再请他代转家信，这样才是礼貌。你也见过他的儿子英善亭，也可以提一下。下次再写信，就直接请安，并在家信上写明请托转交即可。”

随后，林则徐又看了林拱枢寄来的文章，先是夸，再是骂。林则徐夸的是，林拱枢虽然文字有欠缺的地方，但已经达到科举要求。林则徐对科举的看法是很明智的，他相信既要经世致用，也要科举入仕。基于这一认识，林则徐告诉林拱枢：“再坚持两三年，科举必然能中。”当然，这时的林则徐和林拱枢也想不到，接下来几年，由于郑淑卿和林则徐先后逝世，林拱枢丁忧在家，无法参加科举。林则徐生气的是，林拱枢寄来的这些诗文，却是别人代笔手写。林则徐在信中骂道：“年轻人写字岂是难事？我从前读书，每夜常背录三五篇。你现在总让别人代笔誊抄，难保将来署你名的诗文不是别人代写的。况且，将来你进考场，也能找人代写吗？如果你真有志向，首先就要戒懒，切记，切记！”林则徐还告诉林拱枢：“下次挑几篇就可以了，不必全寄过来。其他文章，多向刘建韶先生请教即可。”

这年八月，林拱枢又被父亲“嫌弃”。

当时从西安到新疆的信件，动辄三四十日才能收到，所以每次除了家信，林拱枢还会附上其他重要纸札。林则徐拿到信件后，发现书信条理清晰，有条不紊，便回信称赞。随后又说：“若令枢官（林拱枢）写来，无非七零八落，连某封信是那（哪）一日家中接到都不写明，无论其他也。”

其实每次接到父亲的信，林拱枢都十分激动，一是想知道父亲在新疆生活如何，二是希望得到父亲的肯定和夸奖。没承想，四月份一封信，八月份一封信，不是骂自己懒，便是嫌自己乱。

做林家子弟，永远都不要试图敷衍了事。

所谓知易行难，道理谁都懂，但要真正将它们融入生命，却是另一回事。对林拱枢而言，父亲的当头棒喝，来得正是时候。

好在，无论是懒散或粗心，还是不知礼数，都是很好改正的。渐渐地，林拱枢找到了人生的方向。林宾日当年教育林则徐，是根据林则徐早慧的优点制订的教育办法。而林则徐对林拱枢，又是根据林拱枢懒散的缺点进行针对性教育。再结合林则徐对林拱枢两兄弟的教育，林则徐也算是得林宾日因材施教之传。

（二）仕途生涯

从林则徐到林则徐子孙，不得不提“爱国”两个大字。

作为林则徐的长子，林汝舟并未在政坛上真正施展过拳脚。作为林则徐的次子，林聪彝为官的政绩主要在治水和镇压太平军上。而作为三子的林拱枢，虽然早年被父亲“嫌弃”，却真正继承和发扬了林则徐那种“苟利国家生死以”的爱国精神。无论是对内，还是对外，林拱枢都无愧于林家子弟的身份。

林则徐逝世后，守制结束的林拱枢随哥哥林聪彝一同进京，被朝廷恩赏为举人，并补内阁中书，随后在刑部开始了仕途生涯。

在刑部工作，打交道最多的，无非两类，一类是真案，一类是冤假错案。而冤假错案，往往是对刑部官员的考验。十余年下来，因为林拱枢平反而活下来的人不计其数。因此，对冤假错案的平反，就成了林拱枢在刑部最突出的成就。要知道，平反冤假错案要求官员至少有三心：细心、耐心和爱心。而在即将崩塌的晚清，又有多少官员还保留这“三心”呢？

在林拱枢平反的众多案件中，就包括震动朝野的“杨毕冤案”。

同治十二年（1873年），新科举人浙江余杭（今杭州市余杭区）人杨乃武，在八月认识了刚结婚并租住在自家的毕秀姑。杨乃武生性豪爽，不拘小节。毕秀姑经常在杨家“蹭饭”，杨乃武偶尔也教毕秀姑写字。一来二去，坊间开始传二人的绯闻。毕秀姑丈夫葛品连因不堪忍受流言，从杨家搬出。十月初七，葛品连发寒热并有膝盖红肿症状，毕秀姑要葛品连在家休息，但葛品连仍去了自己的豆腐坊。第二天早晨回家之后，葛品连开始口吐白沫，到晚上即死去。随后，葛品连义母将杨毕二人告到余杭县衙。余杭知县刘锡彤与杨乃武素来有隙，便要杨乃武招认下毒，杨乃武拒不招认。由于杨乃武是举人身份，所以不能直接用刑。于是，刘锡彤上奏上司，请求革除杨乃武举人身份。同时，刘锡彤又暗中授意药铺老板钱宝生诬陷杨乃武。随后，杨乃武不堪重刑被迫招认。

下狱后的杨乃武，在狱中写下诉状，让姐姐和妻子上北京都察院告状，但二人却被押送回浙江。随后，当时在胡雪岩家中任西席的吴以同（杨乃武同学）恰巧向兵部侍郎夏同善说到此事。九月，杨乃武的姐姐和妻子再度上京。同时，夏同善联络翁同龢（时任刑部右侍郎），一同面见慈禧太后。于是，案子发回由浙江巡抚杨昌睿等重审。随后，杨乃武和毕秀姑再遭大刑，杨乃武大腿被夹断，毕秀姑十指几乎被夹断，二人再次招认。

1872年十月二十日，翁同龢详览二人供词，发现前后不一致的有多处。翁同龢找到时任刑部浙江司主稿的林拱枢，让林拱枢帮忙调出卷宗，二人再次查看。林拱枢的眼光何等明亮，随即告诉翁同龢："此案有疑。"

翁同龢望向林拱枢，示意他继续说下去。林拱枢随即指出："奸情存疑，则谋杀存疑；谋杀存疑，则买药存疑；买药存疑，则人证存疑；人证存疑，则审案程序存疑。"

翁同龢如醍醐灌顶，林拱枢果然如外界传言一样，明察秋毫，有其父之风。为什么这么说呢？林则徐的"林青天"美誉，也是在解决陈年冤假错案中获得的。1833年，林则徐解决江苏东台县（今江苏省东台市）民告官赈灾之案，同年解决另一件刘自兴京控案；1834年，林则徐解决江苏清河县徐尧春杀人案（九年陈案）；1836年，林则徐在任两江总督期间，平反王柽被杀案（十三年冤案）……这些，像翁同龢等人，必然知道。

十月二十一日，翁同龢再次会见林拱枢，并再找出案件的具体问题。

后面的事情，就顺利多了。在慈禧太后的特批下、翁同龢的坚持下，案件再次重审，杨毕二人冤情解除。出狱以后，杨乃武以养蚕为生；毕秀姑出家为尼，法号慧定。而知县刘锡彤则被发配至黑龙江，巡抚杨昌睿则被革职。

立功后的林拱枢，先被擢升江南道监察御史，巡视西域；又历任京畿道、山西道、河南道监察御史等职。

1875年，林拱枢关注杨毕冤案的同时，姐夫沈葆桢调任两江总督。福建巡抚王奏凯病故，继任者丁日昌则忙于整顿吏治和救灾。而闽浙总督李鹤年，才不堪大任，被召入京面圣。这样一来，台湾就无人管治。

林拱枢此时任江南道监察御史，早年随父经略西域，又去过西南，对台湾的重要性十分清楚。同年六月，林拱枢向朝廷上《为台地紧要，请旨迅饬抚臣东渡，借全大局而实边防折》。在奏折中，林拱枢指出了两个关键问题。

第一，地理上,台湾是直隶、奉天、山东、福建等沿海七省必达之咽喉，应在台湾重新设置郡县，并派巡抚沈葆桢驻扎台湾，稳定形势。第二，在中日关系上,林拱枢看到了日本对台湾的觊觎野心。他说，日本维新之后，逐渐西化，并走向军事化道路。但日本国土偏狭，必然对外扩张，而扩张的第一个目标，必然是台湾。现在对我国来说，台湾“孤悬海外”，而我国海军又不堪一击，只要日本一伸脚，那么台湾就必然会落入日本手里。所以，必须在台湾设府。

林拱枢多次写信与姐夫沈葆桢讨论台湾问题，二人的意见基本一致。为了解决台湾问题，沈葆桢在驱逐日寇的过程中，先后在台湾驻扎一年有余。不过，虽然和姐夫沈葆桢一道向朝廷进言，但当时并未受到重视。一直到1885年，左宗棠又向朝廷进言，台湾设行省之事才确定下来。

随后，林拱枢被任命为山西汾州知府。林拱枢到任，办了两件大事。

第一件大事，是解决文峪（在今吕梁）和汾阳争文峪河水灌田的官司。文峪河上游流经文峪，下游流经汾阳。所以，汾阳的农田就靠文峪河之水灌溉。但由于文峪也要用水，一到干旱时节，文峪的农民就把河水堵住，不让河水下流。这样一来，汾阳的农田必然遭殃。于是，两县农民经常为此发生争斗，出人命、打官司是常有的事。林拱枢一到任，就开始解决这个烫手山芋。对于打官司，林拱枢像父亲一样公平裁决。官司想彻底解决，还得从根本上解决水源才行。而林则徐曾治水多年，无论是西北旱地还是东南水乡，林则徐都游刃有余。林拱枢很快就照着林则徐的经验，将文峪河重新疏通，彻底解决水源。于是，两地民众皆大欢喜。要知道，这在以前可是谁也不敢想。

第二件大事，是林拱枢禁止汾州农民种植罂粟，大力提倡改种桑养蚕。当时汾阳的很多农民多种植罂粟，而前几任官员均放任不管。官府之所以屡禁不止，还是因为有利可图。林拱枢吸取了父亲和姐夫禁烟的经验，在农民种罂粟之前，就大力宣传罂粟的害处，尽量引导百姓改种桑树养蚕。当时，汾阳农民普遍认为汾阳土地不适合种桑树，林拱枢却笑着说："我说的话你们不信，《诗经》中的老祖宗说的话你们总该相信吧，《诗经》说'彼汾一方，言采其桑'。可见，咱们汾阳几千年前都是种桑养蚕的好地方啊。"

林拱枢当然知道，光是"哄骗"肯定不行，还必须配合严禁措施一起实行。可惜的是，林拱枢只做了一年多的汾阳知府就因病离职，回到福州休养。但是，经林拱枢提倡种下的数百万株桑树既起到了禁毒的作用，也保证了农民的收入。

第二节 巾帼英雄林家女

在晚清和民国，和林家关系最密切的，无疑是沈家。受林则徐家风影响最深的，无疑也是沈家。有趣的是，林沈两家是亲上亲。林则徐的妹夫、女婿、孙女婿皆是沈家子弟。毫无疑问，林氏家风在沈家也得到了传承。而传承林氏家风的，正是由巾帼不让须眉的林则徐的妹妹、女儿和孙女来完成。

一、不让须眉林惠芳

林惠芳（1794—1865），林宾日之女，林则徐六妹。林惠芳年幼时，就继承了母亲陈帙的心灵手巧。那时父亲和哥哥在外教读，自己就和母亲在家学习女红。但林惠芳并不满足于女红，每到夜晚，全家人坐在一起时，林惠芳就会“分心”。

通常在家时，不是林宾日讲解就是林则徐诵读。作为“旁听生”，林惠芳久而久之就把父兄的讲解和诵读默记下来。几年下来，林惠芳成了“手有针线，腹有诗书”的才女了。林宾日何尝不知道女儿的才华，他告诉女儿：“可惜你是女儿身，否则不会比你哥哥差。”不过，林惠芳倒无意与男人们争高下，只是天然展露出这种气质而已。

沈廷枫，林则徐的里中同乡，才学纯粹，品行端正，深得林则徐认可。

沈廷枫有一身胆气。年轻时，他有一次夜里有事去学堂，经过剑池，忽然冲出一个赤膊男子，提刀喝骂道：“我们是八旗子弟，今天无聊来耍耍，拿钱出来就让你活命，否则就跟我的刀说话吧。”沈廷枫笑道：“这好说，你跟我来就行。”沈廷枫将男子带到塾馆，馆中诸人见了说：“这是劫匪，把他绑了送官。”沈廷枫笑着说：“如果真是劫匪，怎么会连衣服都没得穿？必是走投无路才如此。”说完话，拿了钱给了那人，并告诉他：“钱算借你的，切莫害人。”那人跪谢而去。

林宾日对沈廷枫了解渐多，并在咨询了林则徐的意见后，将林惠芳许配给沈廷枫。和岳父林宾日一样，沈廷枫也是有才华而不中举，贫穷而又富有爱心。嫁给沈廷枫之后，林惠芳倒未觉得受了多大的委屈，毕竟在自家也是穷日子过惯了的。一家人常常以粥代饭，以棉絮代裘袍。陈帙听说后，让人拿了一千钱送过来。林惠芳却回绝说：“咱家衣食无忧，母亲不必担心。”沈廷枫对此很过意不去，多次跟林惠芳说：“是我连累你了。”自幼继承了父母家教的林惠芳笑道：“做你的妻子，福分不会因为贫穷就溜走的。我们是积善之家，就算福气不到咱俩身上，将来也会出现在子孙身上。”沈廷枫意识到，这不正是岳父岳母的风骨吗？得妻如此，夫复何求！

林惠芳虽未正式上过学，却很有学问，沈廷枫在外教读时，家里儿女皆由林惠芳亲自教导。

沈葆桢出生后一直体弱多病，险些早夭，林惠芳日夜不眠，细细照料。四岁时，沈葆桢仍然是骨瘦如柴。林惠芳除了让他吃药，就让他读书，她说："读书能养精神气，精神气足了，身体就会好。"由于体弱，沈葆桢读小字书特耗目力，加之林惠芳知道父亲就是因为熬夜苦读伤了眼，所以她便将重要书籍一一手抄，再拿给沈葆桢读。遇到读不懂的，林惠芳就亲自讲解。沈葆桢每次从塾馆归来，林惠芳还要考校他功课。

沈葆桢年幼时胆很小，夜晚睡觉听到鸟叫都害怕，好几次还被夜猫的叫声吓得生了病。林惠芳又气又好笑，决定在"读书养气"之外再加一门课："闯坟养胆"。

一天，沈葆桢遇事吓得不行。林惠芳笑着骂道："你整天羡慕那些古代的忠孝之人，他们有胆量吗？"沈葆桢点点头。

林惠芳又问："那你知道他们的胆是怎么来的吗？"沈葆桢认真地答道："是生下来就有的。"

林惠芳正色道："人人都有胆，但忠臣孝子的胆，是养出来的。人人都有胆，只有心中有愧，才会胆怯。以后每当你害怕的时候，你就扪心自问，你有愧吗？若心中无愧，自然就不害怕。"沈葆桢若有所悟。

林惠芳知道这还不够，于是故意训练他的胆量，让他夜里在坟地边走走。渐渐地，沈葆桢的才气和胆量就在母亲林惠芳的教育下培养了起来。显然，对沈葆桢来说，他一生的巨大成就，离不开母亲的教诲。

为人父母，最怕言行不一。因为父母都是子女的镜子，父母如何，子女就如何。林惠芳既然要求沈葆桢要有才气和胆量，那她自己呢？能亲自给儿子讲解“四书”“五经”，才气自是不输男子。林惠芳的胆气也不差，有两件事可以看出来：一是“情退盗匪”，二是“智解火患”。

早年，沈家租住在文笔山，这里地理位置较偏，租价便宜。正是因为地处偏僻，就容易在混乱时期招来盗匪。当时沈廷枫在外教书，家中仅有母亲、林惠芳和子女们。一天夜里，盗匪上了沈家房顶，正要破屋而入。林惠芳不紧不慢地对着房顶上的盗匪喊道：“我知道你是谁，我家这么穷，一般盗贼肯定不来，必然是你。你看看你除了丢了廉耻之心，又得到了什么？你白天找我家借钱，我也借了，何必自甘堕落？”话才说完，屋顶就没了声音。

看来，沈廷枫和林惠芳夫妇都会这招！他们救的不仅仅是自己和家人，更是这世界上另外一些同样挣扎在生存线上的苦命人。

还有一次，邻居家夜起大火，眼看就要波及自家。林惠芳镇定自若，将一家人叫醒，让一家老幼有序地离开宅子。接着，林惠芳又领着人挨家挨户喊其他邻居救火。一夜过去，清点下来，人无伤亡，财产也无多大损害。

林惠芳还继承了林宾日和陈帙的仁爱之风。一方面，林惠芳经常像母亲一样周济亲朋好友；另一方面，林惠芳也像父亲一样帮助那些贫寒书生。当然这样的行为常不被人理解，也遭到了不少质疑，被认为是不自量力。林惠芳淡淡地应对道：“我家是穷，但对比我家更穷的，拿出一点粮食，让他们多活几天，也许他们就有机会渡过难关，我也问心无愧。”有时沈葆桢也在一旁，林惠芳跟他说：“这都是区区小恩小惠，对人的用处并不大。你是男儿，将来如果身居高位，能帮到的人何止千万？”沈葆桢铭记在心。

后来沈葆桢才知道，岳父林则徐在幼年时也曾受过同样的母教。那时，在寒风呼啸的破屋中，陈帙正色告诉林则徐：“男儿志在四方，仁爱施于天下，切莫拘泥于一室之内。”

二、铁胆柔情林普晴

林普晴（1821—1873），林则徐次女，沈葆桢之妻。

1821年，林则徐任杭嘉湖道时，得知林宾日病重，携孕妻归家。中秋时，妻子郑淑卿诞下一女。当时朗月高照，夜明如昼。归家后，林宾日得知此事，大笑道：“可起名为普晴。”

由于林沈两家是表亲，所以沈葆桢和林普晴这对表兄妹从小青梅竹马、两小无猜。病恹恹的沈葆桢在母亲的教养下，逐渐显露出才气。六七岁时，林普晴和几个姑姑玩乐，姑姑们就调笑她：“各家表兄弟，哪个最优秀？”林普晴毫不犹豫答道：“当然是沈家哥哥。”话音未落，满座欢然。

郑淑卿教林普晴，主要是读书和女红，前者是林家传统，后者则是社会传统。林沈两家既是表亲，林则徐也了解沈葆桢品性，后来就定了亲。为他们主持定亲仪式的，是林普晴的大哥林汝舟。

定亲之后，沈葆桢便要进京参加会试，途中经过江苏，便住在了林则徐府上。每日受教于林则徐，和林汝舟共同切磋学业。林则徐对这个外甥兼女婿自是十分上心，总是让他“侍读笔砚”。

1839年，林普晴和沈葆桢正式结为夫妻。和以前的林家一样，沈家也很穷，林普晴嫁给表兄之后，坦然接受了这样的生活。更重要的是，婆婆林惠芳又是自己的姑母，二人同承林家家教，所以相处起来毫无芥蒂。才嫁过来不久，林普晴就多次看到林惠芳拿着当票，一问才知道家里经常没米吃，这些当票就是林惠芳当了自己的衣物换来的。林普晴也不是矫情的人，等到沈葆桢赶考时，就把自己的嫁妆全部换成钱给了沈葆桢做路费。沈葆桢即使官居一品时，还经常看到林普晴做女红。沈葆桢心疼林普晴，劝道：“你不要这样自苦。”林普晴却笑着回道：“你忘了当年母亲更苦吗？”其实，林家的女性，从陈帙、林惠芳、郑淑卿到林普晴，莫不如此。

婚后，林普晴和沈葆桢相敬如宾，常常以诗书相交。沈葆桢处理政事，常常征求林普晴的意见，林普晴也能指出关键所在。有时候，林普晴还代沈葆桢撰写奏折。林普晴的书法在当时是一绝，经常有人向她求字。沈葆桢的老师林昌彝撰成《三礼通释》后要进呈给咸丰帝，请了很多人题字，林昌彝都不满意，最后还是林普晴解决了他的烦恼。当然，林普晴写的诗文也十分出色，《清代女诗人选集》就收录了她多首诗。

如果说诗书、女红、勤俭，都是再“普通”不过的优点。那么，真正使林普晴显露出林氏儿女风采的，则是勇退太平军。

1856年，沈葆桢任职广信府（江西）。此时，太平天国势头正盛。洪秀全手下将领杨辅清率兵从安徽偷袭江西各县，连破贵溪、弋阳，一路高歌猛进。当时，沈葆桢正奉曾国藩令在各州府募集军饷，只留林普晴在上饶府中。随着清军节节败退，太平军很快就攻到了上饶，将上饶围得水泄不通。

其实，留守上饶的沈葆桢手下早就得知了太平军来攻的消息，曾连夜准备好逃走的船只，请林普晴离开。下属还撒了个善意的谎：“沈葆桢已经先行去往福建。”林普晴当然知道沈葆桢的为人，当下怒道：“不必骗我，我就在这里等他。”没几天，城中守军逃走了大半，但林普晴不为所动。

眼看上饶就要被破城，林普晴又想起离上饶不远的玉山总兵饶廷选曾是父亲林则徐的旧部。林普晴知道，要解上饶之围，只能向饶廷选求救。林普晴毫不迟疑，咬破手指，写下求救血书，派人连夜送往玉山。在信中，林普晴写道：“全城男妇数十万生命，存亡呼吸系于一线之间……生死人而肉白骨，是所望于将军者。”饶廷选得信，立刻回复，并准备兵马驰援。

没过几天，沈葆桢返回，夫妻二人一同守城。一天，沈葆桢因急事出门，许久不回。林普晴担心有变，就怀抱沈葆桢官印独坐在水井边，打定主意，只要有人破门而入，就跳井自尽。

才下定主意，忽然门外闯进来一人。林普晴大喝道：“来者何人？”那人连忙行礼回答：“我听说大家都逃走了，特地过来保护您的！”林普晴看着他手里的短刀，笑道：“倒也不全是贪生怕死之人，不过我不需要保护。”其实，林普晴心如明镜，府中下属和仆人都不在，怎么会突然冒出个侠肝义胆之人，这人必定是想趁乱抢劫。

手里握着短刀，那人忽然面露凶相，正要动手，却见林普晴丝毫不惧。那人疑惑着不敢上前，接着，外面传来沈葆桢的脚步声，那人慌忙提着短刀逃走了。

沈葆桢回来，向林普晴解释许久不归是怀疑发现了间谍。林普晴笑道："咱们城都快空了，间谍来打探什么呢？捉间谍又有何用？你应该安排更重要的事情。"

沈葆桢哈哈笑道："夫人说的是，夫人说的是。"

眼看上饶即将城破，饶廷选部终于赶到，沈葆桢和饶廷选里应外合。在激战中，林普晴带着妇老儿童煮了粥，冒着弹火送到城墙上，给士卒们吃喝。兵士们看到作为林则徐之女、沈葆桢之妻的林普晴都不惧生死，便更加奋力作战。大战七天七夜之后，杨辅清才灰溜溜引兵离去。太平军败退，上饶之围得以解除。

难得短暂的安定，沈葆桢和林普晴都感慨万分。到夜里，月光普照，正如林普晴之名，夫妻二人相对而坐。

沈葆桢说道："这样的风月良夜，虽然没有酒，但也要庆幸我们战后重生了。"林普晴回道："本以为你我夫妻必死无疑，但既然活了下来，此后在人间的每一天都是上天的恩赐，自然应当珍惜。不过这场战事必然传回了福建，路途遥远，信息不确，父母听到之后，必然十分担心我们，我不希望他们难过。"

话一说完，夫妻二人才在笑中流下眼泪。既是余生的庆幸，也是患难生死的感动。林普晴拉着沈葆桢来到井边，指着水井说道："我多次想把命托付给它，它都拒绝了，咱们少不了要谢它。"沈葆桢笑着应允，准备好祭酒祭肉，好好祭祀了一番。

此后，沈葆桢治军，军书多出自林普晴之手。江西太平军被消灭后论功行赏，沈葆桢升任江西巡抚。作为女流，林普晴默默地站在沈葆桢身后，只把名声留在了民间。

1865年，林惠芳病重，沈葆桢向朝廷请辞。林普晴劝他："朝廷军务繁忙，你不必请辞，我一人回家就可以了。"林普晴带病乘舟，兼程南下。见到林普晴，林惠芳十分高兴："我就知道是你回来了，你回来就是儿子回来啦。"林惠芳养病期间，林普晴日夜照料，没睡过一次好觉。林惠芳去世后，林普晴伤心过度，病上加病。随后几年，林普晴身体时好时坏。

1870年，沈廷枫逝世。沈葆桢守孝三年。除丧服后，林普晴握着沈葆桢的手，在他耳边喃喃语道："人生在世，必有不如意者。我有姑姑做婆婆，就是一大幸事；嫁你为妻数十年，无一伤心之事，又是一大幸事；儿媳妇待我亦守礼，也是一大幸事；在江西本以为必死无疑，但又多活十几年，这又是一大幸事。人生如此，夫复何求？我死之后，一切从简。"

1873年八月十五日，林普晴溘然长逝。林普晴生于月圆之夜，卒于月圆之夜，一生璀璨正如月华。

有张鲁生为其手书挽联：

为名臣女，为名臣妻，江右佐元戎，锦伞夫人分伟绩。

以中秋生，以中秋逝，天边图皓魄，云裳仙子证前身。

左宗棠为其手书挽联：

家能孝，国能忠，一生大节昭昭，挽狂澜于既倒。

来何因，去何果，千古元精耿耿，抱明月而长终。

光绪十二年（1886年），江西巡抚潘尉奏请在沈葆桢祠附祀林普晴，朝廷批复。今天，江西上饶仍有林普晴祠。祭的不仅是林普晴，更是林氏家风。

三、诗书任气林步荀

林步荀（1863—1936），林则徐孙女，林聪彝五女，沈葆桢幼子沈琬庆（1869—1926，沈葆桢侧室吴氏之子）之妻。论起来，沈琬庆和林步荀同样也是表亲。

关于爱情和婚姻，世间之人最憧憬的无非是两小无猜、青梅竹马、相濡以沫、相敬如宾一类的字眼。对于出生在林家的林步荀而言，这些都是触手可及的。毕竟从曾祖父林宾日、祖父林则徐到父亲林聪彝，再到姑母林普晴，他们无一不是被这些字眼环绕着。因此，关于爱情，她有足够多的期待。

幸运的是，林步荀有一个青梅竹马的表弟——沈琬庆，他们结为了夫妻。在很长一段时间里，二人延续了青梅竹马的那种深情。

不幸的是，沈琬庆不久就开始纳妾，并疏远了林步荀。此后，两地分居就成了林步荀的日常。

林步荀能诗能文，她为这种苦闷的生活写下不少诗句："凄风吹纸帐，冷月照空房。"不过，个人的不幸也可能是民族的幸运。林步荀失去了一份长久的爱情和婚姻，却让民族得到了一位爱国英雄。

在那个年代，林步荀是少数对维新运动持支持意见的女性。在外来思想的冲击下，林步荀是最积极提倡女权、倡导取消缠足的女性之一。沈琬庆担任广东试用知府时，夫妻二人和胡汉民、吴稚晖等人交往密切。

胡、吴二人皆是国民党元老。吴稚晖更是民国奇人，他早年参加“公车上书”，后加入同盟会，又成为国民党元老。在他们的“鼓动”下，夫妻二人意识到中国需要更先进的理念和制度。1902年，林步荀接受吴稚晖建议，将儿子沈纲交由吴稚晖带到日本留学。彼时，沈纲15岁，进入日本陆军士官学校骑兵科。

沈纲出国后不久，林步荀也点燃了内心的火种。

1905年，42岁的林步荀毅然决然选择留学日本。作为女性，作为高龄女性，作为留学日本的高龄女性，林步荀这一抉择无疑是惊世骇俗的。来到日本，林步荀进入女子师范学校，并被推选为班长。

在日本，林步荀自然而然接受了孙中山的革命思想，随后在胡汉民的介绍下，她加入了同盟会。同时加入同盟会的，还有秋瑾。

1907年，徐锡麟在安庆起义失败，秋瑾在绍兴被捕，旋即牺牲。远在日本的林步荀得知噩耗，悲愤不已。林步荀召集学生，在秋瑾的追悼会上痛切陈词，号召大家纪念秋瑾，支持革命，反对清政府。

回国后，林步荀写下《游西泠吊女侠秋瑾之墓有感》，其中既为秋瑾英年就义感到悲愤，也为自己的大半青春被耽误而惋惜。林步荀感慨道：“嗟我生不辰，入世何太早。不能奋翅飞，蹉跎今已老。”

林步荀经常写诗抨击清廷统治，表达爱国热情，如《小皮箧，日本柳原回国出皮箧示其内阁云，中华命脉皆在此中耳》写道：

皮箧小皮箧，空言同种应相协。未闻马首惟余瞻，刮我民膏与民血。倭奴狡狯利是图，在位恬嬉醉如鳖。只望腰缠十万金，那管金瓯频破缺。今年押矿山，明年抵盐铁。挥金如土一瞬尽，任他债台高百尺。柳原垄断登高岗，顾盼自豪筹妙策。虎伥指拨决纵擒，宰嚭邦昌为之役。独怜百姓负荷重，百计搜罗势尤迫。正人志士空呼号，衮衮尸餐舌如结。倭鬼几如囊探物，摧倒中华之国脉。吁嗟乎，小皮箧。

英豪之气扑面而来，丝毫不亚于任何一个革命男子。在另一首诗中，林步荀又写道：

国家弱强民有责，苦心戮力岂惮焉。君不见，列强环伺时已急，亡羊补牢犹可及。奋起精神猛著鞭，万邦牛耳震旦执。

儿子沈纲归国之后，本该大展宏图，却于1911年生病早逝。原本专心在女校执教、普及女权、提倡革命的林步荀难以承受，暂停了这些工作。此后，林步荀过继了沈琬庆兄沈璘庆之孙沈觐泰为孙，日夕教之，以期驱赶丧子之痛。林步荀深知，在这个时代应该教沈觐泰的不是传统诗书，而是西式知识。在林步荀引导下，沈觐泰逐渐倾心科技。沈觐泰后入厦门大学，并去台湾工作。最终，沈觐泰成为中国石油化学工业开发公司创始人。

1936年，林步荀在上海逝世。1982年，沈觐泰将林步荀生平所写的200多首诗编成《卧云仙馆诗集》出版，这位林家后人、沈家侠女才重新进入人们的视野。终其一生，林步荀所走的都是一条不同寻常的爱国之路。

随着时代的发展，相比起林惠芳和林普晴，林步荀无疑又丰富了林氏家风中关于爱国的内涵。

第三节　黑暗深渊的坚持

一、末代翰林林步随

林步随，林则徐曾孙、林拱枢之孙、林毓良之子，清末最后一位翰林。

1907年，袁世凯多次试图笼络瞿鸿禨。当时，瞿鸿禨和奕劻素来意见不合，这就造成了袁世凯在军机处往往不如意。思量之下，袁世凯决定用当初笼络奕劻那一套，将瞿鸿禨也笼络过来。由于林步随和瞿鸿禨是表亲（二人妻子皆是湖南长沙大户傅家之女），加上自己是翰林院检讨，所以见证了袁世凯和瞿鸿禨的“交往”。林步随在笔记中，将袁、瞿二人的争斗记了下来。

起初，袁世凯面对瞿鸿禨十分谄媚，表示愿意对其修门生之礼。瞿鸿禨拒绝后，袁世凯又想和他结为异姓兄弟，瞿鸿禨拒绝了。袁世凯主政北洋军期间，朝廷王公家无论红白喜事，袁世凯皆争相出钱办理。恰巧瞿鸿禨次子娶妻，袁世凯拿出八百金送过去，瞿鸿禨全数送还。袁世凯非常气恼。

袁世凯投机取巧不成又气急败坏的样子，被林步随记载下来："袁既绝意于结纳，不得不谋排挤焉。"随后，袁、瞿双方明争暗斗，各有胜负，但最终以袁世凯胜利而告终。瞿倒台之时，林步随还曾亲自登门表达疑惑，这位前军机大臣无奈地告诉林步随，既是自己太轻敌，也是袁世凯和奕劻这两个敌人太狡猾。作为亲历者，林步随庆幸自己没有轻易"站队"，毕竟他知道，这种残酷的政治斗争于国于民都没有好处。唯一要做的一点就是：牢记家教，做到心如明镜，而不是"瞎掺和"。

1909年，慈禧太后意欲改革，同意利用美国退回的庚子赔款，派遣留美学生。留学大纲规定，设置驻美监督，主要负责"安置学校、照料起居、稽查功课、收支学费"等。林步随随即被派往美国，担任留美学生总监督。此后九年，林步随一直留在美国，自学英语，并在著名的西北大学学习过一段时间的法学。其间，林步随还和其他留美学生一道组织了"中华物产会社"，专门向美国推介中国特产。商业上的接触，使得林步随抛弃了传统知识分子那种轻视商业的观念。他开始意识到，除了政治，商业对国家同等重要，兴办实业的想法在他心里悄然萌芽。

回国后，林步随开始在民国政府担任"国务院"秘书长。当时，我国海患问题已经十分严重。1921年6月，中华民国"海军部"奏请批准设立"海界委员会"，讨论我国领海界限，民国大总统徐世昌批准。林步随作为"国务院"代表，与"海军部"许继祥、"总统府"倪文德、"外交部"

沈成鹄（沈葆桢之孙，林拱枢孙女婿）以及税务处黄厚成一同组成委员会，按照国际标准，将拟定我国领海范围为3海里（10华里）。这为后来民国政府和新中国确定领海范围奠定了基础。

在“国务院”任职时，林步随收入很高。不过，作为“遗老”，林步随知道，没有什么东西是稳固的。所以在1927年北伐成功后，林步随淡然辞官，走上了实业救国的道路。

林步随先后创办山西汽车运输公司、通州电力公司（兴建了北京通州区第一个发电厂）等，还担任过一段时间的天津聚兴城银行经理。可以说，一些重要的行业，林步随都尝试过。不过，时间给予的答案是残酷的。在林步随的身上，最先显露出来的，仍是传统读书人的风骨。留美期间，林步随虽然学习了外语，也组织过特产推介会，但当时他头上有留美学生监督的头衔，背后有国家支撑。而现在，他的实业却面临着内外夹击的困境。因此，没两年，这些公司先后倒闭。在民国政府任职期间攒下来的家底和兴办实业赚的钱，很快就被消耗殆尽。就这样林家破败下来。

心灰意冷之下，林步随不再涉足政治，也不搞实业了。1937年，日本占领北平（今北京）之后，林步随又在北平高等商业职业学校担任校长。闲暇时，林步随经常和晚清遗老们在家里组织聚会，读书吟诗。

不过，在这座林家宅子里，却有新的光芒绽放出来。在未来，他们将与中国共产党、新四军、新中国、联合国、香港等关键词发生密切关系。

二、患难风骨林轼垣

林轼垣，林则徐曾孙。

林轼垣早年就读于天津水师学堂（即北洋水师学堂），所学专业就是英语。天津水师学堂的学制是五年，学成之后要么进入海军，要么留学欧美。其中，学校还有专门的英语文法课和语言翻译课，就在这里林轼垣初步培养出了基本的外交家素质。毕业后，林轼垣被清廷外务部派往英国伦敦，担任大使馆随员。

1911年，林轼垣担任驻温哥华通译官，在领事馆担任专门的翻译人员。中华民国建立后，从1914年至1917年，林轼垣升任驻加拿大总领事。由于北美的华工、华商和留学生较多，而加拿大的华工则更多，所以平时处理得较多的就是华工和华商的移民和务工问题。当时民国政府刚刚成立，内外交困，可以说很难分心照顾加拿大的华人或准备去加拿大的华人。和其他爱国外交官一样，林轼垣既要把华人当成自己的孩子一样爱护，又要保持“中华民国”的尊严，这就是他们的“标配”。作为林则徐的后代，林轼垣更是时时刻刻告诉自己，在“标配”上，还要坚持林氏风骨。

1914年，袁世凯时任中华民国大总统。第一次世界大战爆发，日本趁着德国无暇东顾，将胶州湾据为己有。同时，日军入侵中国山东。1915年，趁着欧洲处于大战之际，日本派驻华公使日置益向袁世凯威逼利诱，要求其签订丧权辱国的“二十一条”。日本将最后通牒交由中华民国外交部，并称如果不满意，“帝国政府将执认为必要之手段”。远在加拿大的林轼垣，差不多同时得知消息，立刻和域多利中华会馆（始建于1890年，域多利今称维多利亚）爱国团长李梦九合作，在加拿大组织当地侨民筹集抗日军饷。4月29日，林轼垣即向民国政府电告，已筹集到20万元。而当时域多利中华会馆华商总会给民国政府的电报是：

外交部转呈大总统钧鉴：日强迫，请坚决。侨民愿筹战费。

1915年2月，民国政府为表彰林轼垣，颁发五等嘉禾章。同年7月，袁世凯召人设定了上卿、中卿、下卿、上大夫、中大夫、下大夫等复古意味十足的官职。远在加拿大的林轼垣，很快也接到升任自己为中大夫的电令，他哭笑不得。对此，林轼垣采取了冷眼态度，即认真做事，而不关注名分。曾祖林则徐之教，犹在耳畔。和兄弟林步随一样，林轼垣心如明镜，绝不“瞎掺和”。果然，不久之后，袁世凯就倒台了，林轼垣自然而然摘掉“中大夫”的帽子。到1916年10月，林轼垣又被授予三等嘉禾章。

1917年10月，民国政府电令林轼垣调任英属新西兰领事。1918年，林轼垣前往新西兰担任领事。作为中华民国第五任驻新西兰大使，林轼垣一直待到1921年才回国。回国之后，林轼垣渐渐淡出了外交场合。

从清末到民初，又经历袁世凯称帝、黎元洪代袁世凯、日军侵华脚步加剧等事件，林轼垣深刻感受到那种国不强则人言无用的痛苦。好在无论世道怎么变换，林轼垣坚守住了林家的家风和自己的初心。

因为膝下无子，林轼垣和弟弟林步随商量后，于1924年将林步随三岁的女儿林子东过继过来。此后，林轼垣主要集中精力培养教育林子东。虽然林步随和林轼垣都亲历了中华民国“改朝换代”的风云，但林轼垣是职业的外交家，而林步随则流着传统读书人的血液。所以林轼垣对林子东的教育，也更加西化。林轼垣夫妇带着林子东先在福州住过一段时间，后来又回到北京，和林步随一道合作开办实业。不过，到1930年左右，两兄弟都破产了。

自20世纪30年代开始，对中国人而言，无论是在台前还是在幕后，都逃不过洪流的裹挟。随着日本加紧侵略中国的步伐，林轼垣开始了颠沛流离的生活。1935年冬，林轼垣带着养女林子东回到福州。没多久，日寇又开始对福州进行轰炸。1938年，林轼垣又带着林子东来到上海租界。

1940年3月，在日本的支持下，汪精卫在南京成立伪政府。为了让自己的汉奸政权搞得有模有样，汪精卫认为必须有一些外交家来撑场面。智囊团很快就为他物色了很多老一辈外交家，其中就包括林轼垣。负责汪伪政府外交工作的梁鸿志向汪精卫毛遂自荐，他告诉汪精卫："我和林轼垣私交不错，只要我出马，必定能请他出山。"梁鸿志信心满满地登门拜访了住在小平房里的林轼垣，却不料被林轼垣骂得狗血淋头。林轼垣怒骂道："当年所谓的北平临时政府，王克敏也曾这样邀请你吧，说什么中华民国临时政府已经成立，急需人才。你梁鸿志是栋梁之材，应当北上，共襄盛举。可是我告诉你，我林则徐林文忠公的后人，绝不做汉奸！滚出我林家！"

梁鸿志灰溜溜地离开了林家，在国家大义、民族大义面前，能跟林氏后人谈"私交"吗？虽然两人是老乡（一为福建侯官人，一为福建长乐人），但老乡见老乡，却是这种情形。抗战胜利后，梁鸿志在上海伏法。

2004年4月，中国历史博物馆主办了一场名为"田家英收藏清代学者墨迹展览"的展览会，其中有林则徐的《观操守》。这时候，林子东已经是新中国的出版界元老了，她告诉人们"观操守在利害时"，就是林则徐"苟利国家生死以，岂因祸福避趋之"爱国精神的书照。毫无疑问，从林则徐到林轼垣，再到林子东，都延续了这种家风。

第四节　曙光之下的新生

一、李良：从地下党到公安英雄

林曾同（1918—1969），林则徐五世孙、林拱枢曾孙、林步随之子，后改名为李良。在一众同学中，林曾同由于自小受父亲的“儒业”熏陶，书法和文章都是最顶尖的。从气质上看，由于父亲是翰林，母亲是大家闺秀，所以林曾同作为家中长子就显得有些“少年老成”。当然，换个词就是稳重。读书之余，为了贴补家用，林曾同也去一些富人家里做兼职教师。1934年，林曾同考入北京大学外语系。除了主攻英语语言文学，他还兼学德语和法语。其实，学习外语既是林曾同自己的兴趣，也是父亲和伯父影响的结果。毕竟，林步随和林轼垣，一个是翻译家，一个是外交家。

在20世纪，给林氏家风注入新鲜血液的，是时代赋予林曾同的使命。林曾同的一生可以分为新中国成立前和新中国成立后两个时期，新中国成立前，林曾同将北京的林家打造成重要的地下革命活动基地；新中国成立后，林曾同成为新中国重要的建设者和巩固者。

（一）把林家打造成革命活动基地

对林氏子女而言，最不缺的就是从林则徐那里传下来的天生的爱国风骨。1931年，“九一八”事变爆发，日寇侵占东北，而蒋介石却命令东北军“绝对不许抵抗”。短短两个多月，东北就宣告沦陷。还在汇文中学学习的林曾同和同学们一样，十分愤怒。经过组织，林曾同和同学们一起戴上“国耻”臂带，并上街游行，号召全国人民抗日救亡。这时的林曾同，更多是受到文天祥《正气歌》、岳飞《满江红》的影响和面对困难时局的爱国本能。

进入北京大学后，林曾同开始系统学习和接受新思想，并将爱国精神付诸理性行动。一是他主动阅读了大量的进步书籍，二是结识了更多志同道合的同学和朋友。林曾同读得最多的书，是鲁迅和邹韬奋的。而他在北京大学的这些同学，如陆孝华（后改名黄华）、赵凤章（后改名俞林）等，很多都成了中国共产党的骨干成员，他们也影响了林曾同的几个弟弟妹妹加入中国共产党。

大一大二的时候，林曾同根据时局专门制作小报，拿给同学们和弟弟妹妹们看。小报的内容，就是时事评论和自己创作的进步小说。这些，其实也是在当时进步人士的影响下完成的。作为家中老大，林曾同经常把李纲、岳飞、文天祥和林则徐等人的故事讲给弟弟妹妹们听。讲到林则徐的时候，大家心里都会涌出一种莫名的热浪。因为自己就是林则徐的后人，而这么几代下来，每一位林氏后人都在为国家和民族而奋斗。现在，国家和民族面临的却是生死存亡。

大学毕业后，林曾同进了伪政府工作。借此便利，林曾同开始从事地下活动。不过，由于频繁活动，林曾同很快就暴露了。毕业不到半年，林曾同就被日本人逮捕。于是，林步随四处托人营救。这时，林曾同还没加入中国共产党，一个多月后，在多方营救下，林曾同就被释放。

毕业之际，林曾同的一位大学同学李鲸石，将自己的几大箱书籍留给了他。林曾同发现，箱子里全都是进步书籍，包括《共产党宣言》《反杜林论》《从一个人看一个新世界》《大众哲学》《政治经济学》《静静的顿河》《母亲》等。林曾同把这些书拿出来，和弟弟妹妹们一起阅读。为了不被日军发现，兄妹们每次看完就把书藏在家里一间没有地板的屋子里。弟弟妹妹们都是第一次接触共产主义思想，为了寻找国家和民族的出路，林曾同花费了很多精力来阅读这些书籍，再讲给弟弟妹妹们听。虽然有时他自己也十分迷茫，但他逐渐意识到，加入中国共产党必定是正确的。

当时北平形势非常严峻，一些进步青年在加入中国共产党后，秘密从事地下活动。1940年，林曾同决定参加革命，并时刻准备着加入中国共产党。为了感谢李鲸石同学的领路，也为了保护林家，林曾同正式把名字改为“李良”。这时，妹妹傅秀（原名林锦双）等也经常和其他地下党成员在林家活动。一些地下党在暴露后，就住在林家，并由李良协助逃出北京。李良的稳重在护送行动中起到了至关重要的作用，所以很多年轻地下党成员都和林家弟弟妹妹一样叫他“大哥”。不久，李良把妹妹林子东和弟弟林墨卿送出了北京。林子东加入了新四军，林墨卿则去了延安。

由于林步随生病瘫痪在床，弟弟妹妹又都离开了北京，李良就改变了去解放区的想法，决定继续在北京从事地下活动。妹妹傅秀暴露的时候，特务发现傅秀藏了一个电台在林家。李良先让上线把傅秀带走，在紧急中把电台拆开，分散藏在壁炉的烟囱、房屋的顶棚和车库的地坑（原先用来藏书的）等地方。特务威逼利诱，又在林家搜查多日，最后没有任何收获。稳重细腻的李良发现，自己更适合做敌后工作。

于是，在接下来几年里，李良继续让自家成为秘密活动基地，专门进行情报转接、收发秘密电报、护送地下党成员和其他重要人物等工作。

1947年，李良正式加入中国共产党。而这时的李良，已经是北平地下党见首不见尾的“神龙”了。

（二）智探西苑机场

1945年8月15日，日本宣布投降。三个月内，国民党就利用美国飞机，从武汉将国民党第九十二军、从上海将国民党第九十四军空运至北平西苑机场。这些军队一部分留守西苑机场，一部分则分散到华北各地。1946年夏，国民党撕毁“停战协议”，发动内战。

1948年11月，解放战争平津战役打响。为了更快地解放北平，西苑机场的情报就成了重中之重。很快，北平城工部文委书记找到了李良和沈大正，要求二人完成这个任务。一来，二人从未暴露过；二来，两人又是多年好朋友，配合密切。

相比起以前和日本人斗智斗勇，这次任务的难度系数未必是最高的。毕竟，日本人在中国没有可靠的盟友或助手。但国民党却有明确的保护伞，那就是美国。而有保护伞，也就意味着有软肋。仿佛是在等待着这一天的到来，李良早已进入了美国新闻处。而李良也清楚，虽然任务难度系数不是很高，但其意义却大了许多。只要解决了北平周边的西苑、昌平、通州、沙河、丰台、南苑等地，那么北平就是一座孤城了。这样，和平解放北平的条件就更加成熟了。当然，武力解放的条件也成熟了。

沈大正只记得李良沉稳的嗓音：“放心，交给我。”这位“大哥”办事，从没让他失望过。

到了这天，在二人见面地点，沈大正远远看到一辆美国吉普车大摇大摆地开了过来。司机不是别人，正是李良。再一看李良的打扮，正宗的国民党少校打扮。李良又递给沈大正一套制服，让他也穿上。

二人驱车来到机场入口，操着一口流利美式英语的李良，从兜里掏出“特别通行证”，守卫见了，哪敢不放行。二人“得意扬扬”，在机场转了好几圈。再出来，手里已经有了一份详细绘制的机场信息图了。

两天后，李良顺利和张文松（李良入党介绍人）接头。张文松倒吸一口冷气，没想到这张图纸中的信息这么完备，包含了所有的铁丝网、火力点、飞机仓库、汽油库和弹药库。

不久，北平和平解放。

这年，“旧政协”宣告破产，党中央发表“五一”口号，号召在解放区召开新政协会议。党中央把护送民主人士去解放区的任务交给了李良和张文松。李良先在天津为郭沫若、茅盾等人安排住处，保证他们的安全，再给他们化装，继而安全护送到解放区。

1949年3月25日，毛泽东、朱德、周恩来、刘少奇、任弼时等，在西苑机场进行了阅兵仪式。参加阅兵的，还有郭沫若等民主人士。

（三）新中国成立后的命运

1950年，李良公开身份，在天津正式参加工作，先后担任天津市公安局侦查组组长和副科长。由于这时国内外特务还比较猖獗，李良仍然主要和他们“打交道”。李良的外语很好，和国外特务交手游刃有余。加上之前积累的丰富经验，李良三天两头就能破获几起特务案子。毕竟，搞地下工作，李良比这些特务更在行。

新中国成立后不久，国家对机关干部进行审查。为了配合审查，李良暂时离开公安局，调到南开大学，担任外语系副主任。经历过冰与火的洗礼，在南开大学这几年，反倒是李良最清闲的一段日子。和张文松聊天，李良曾告诉他，他保留了很多林则徐的家书、日记等，希望能在晚年好好做一些关于林则徐和鸦片战争的研究。不过可惜的是，这些都在后来被毁或丢失了。

1965年，中央又找到李良，让他去国外执行秘密任务。我们所知道的是，任务难度大，持续时间长。临行前，李良向家人留言：“青山处处埋忠骨，何须马革裹尸还。”这一幕，对林家人来说，似曾相识。因为一百多年前，林则徐就曾在赴新疆时留下“苟利国家生死以，岂因祸福避趋之”给妻儿。三年后，李良顺利完成任务。

不过，李良归来之时，正赶上“文化大革命”。李良于1969年2月27日冤死在天津狱中。1977年，李良得到平反，天津市人民政府追认李良为革命烈士。1978年7月18日，公安部号召全国公安干警学习李良坚决保卫国家机密的英雄行为，追认李良为“公安战线的英雄”。

后来，有人写下纪念李良的诗：

虎穴亲临不顾身，四凶残害见丹心。

家门遗泽堪称许，尤赖光明北斗心。

正所谓“家门遗泽”，孤胆英雄李良，也以特殊的方式延续了林氏家风。

二、林子东：从新四军到出版家

（一）福州的轮回

1841年，福州被英军占领，林则徐的好友梁章钜拒绝踏入福建土地。

2015年9月3日，一位林则徐后人被国务院、中央军委授予抗日战争胜利70周年纪念章，她就是94岁高龄的林子东。在这位令人尊敬的老先生身上，我们能找到很多身份——林则徐后人、新四军老战士、七十年党龄老党员、新闻出版界前辈等。在这些身份之中，都有共同的内核，那就是林氏爱国家风。

林子东（1921—　），原名林玉偶，林步随之女、林则徐玄孙女。当时一同出生的，还有其双胞胎姐姐林锦双（后改名傅秀）。3岁时，林子东过继给林轼垣为女。

早年，林子东主要随林轼垣四处漂泊。自从东北、北平和福建相继遭日军践踏之后，一家人最终在上海定居。汪伪政府建立后，梁鸿志拉拢林轼垣，林轼垣义正词严地拒绝时，林子东正是见证者。

1940年9月，因为哥哥李良、姐姐傅秀和弟弟林墨卿（凌青）都在燕京大学，林子东从上海沪江大学转入燕京大学历史系。1941年12月7日，日军偷袭珍珠港。12月8日，日军包围燕京大学，逮捕了校长司徒雷登以及很多进步学生和教师，燕京大学被封闭。林子东不得不离开北平，返回沪江大学。不过，这时候林轼垣一家居住的上海租界，也被日本人严密控制起来。

早在中学时，林子东就读了斯诺的《西行漫记》（后改名为《红星照耀中国》）和毛泽东的《论持久战》，和许多年轻人一样，林子东决心投身革命。

不过，林子东并没有立刻下定决心。养父和养母此时都已年迈，加上自己本来就是过继的独女。林子东的离开，对林轼垣夫妇而言也是一个不小的打击。但远方的革命火焰，却在不停挠动林子东的心。林子东找到大姐林圣观（德国著名汉学家卡尔·秉格之妻）诉苦，林圣观就宽慰她：“革命是必须参加的，你离开后，我来照顾他们。”

排除了后顾之忧，林子东决定参加新四军。临行前，林子东告诉父母，她要去苏州当老师，林轼垣夫妻没怎么怀疑就同意了。虽然年老多病，但不代表林轼垣不了解自己女儿在想什么。林轼垣明白，自己是林则徐的后人，林子东当然也要做个堂堂正正的林则徐后人。所以，新中国成立以后，林轼垣最喜欢听的，恰恰是林子东在新四军的那段经历。把一些东西寄存在大姐那里后，林子东就和沪江大学的几名地下党一起进入了一名同学家。再出来，林子东摇身一变，成了个新娘子，她的“先生”则是一名通讯员。当然，在穿越日军封锁线的路上，他们都尽量不开口说话，以免被人发现口音不对。

有惊无险，林子东来到了新四军苏中敌后根据地如皋县，正式参加革命。一开始，林子东被分配到苏中行署编审室，主要做一些教材编写工作。很快，林子东作为青年干部被转移到苏中一分区，在高邮县工作。1943年9月，林子东调到《前哨报》，成为战地记者。同年，林子东加入中国共产党。当时，新四军经常和日寇周旋。这年，林子东正好陪同通讯员甄为民到横泾河启东乡采访组稿，碰到了民兵抗击日军的遭遇战。这场战斗后，林子东和甄为民合作，写出了一篇《跟敌人的汽油划子周旋》，刊登在《前哨报》上。1944年，林子东又成为《苏中报》编辑。在这里，林子东和朋友孙明、蓝瑛关系很好，三人各驻一地，每次见面就把自己采访、写稿的经验拿出来互相传阅。三人还把这些文字编成小册子，起名为《臭皮匠》。而这时，林子东已不再是新兵了。在《苏中报》，林子东还要负责培训新记者。

1945年，林子东和孙明结成战地夫妻。这年，日本投降。此时的林子东根本不知道，自己的负重前行，将迎来70年后的岁月静好和一枚纪念奖章。

日本投降后，林子东调到《新华日报》（华中版）担任报道科副科长。1946年，国共谈判破裂后，林子东和丈夫又被调到新华社苏中九分区九分社。解放战争胜利后，林子东随军南下，在无锡建立了新华分社并创办《苏南日报》。

1949年6月，对林子东和林家来说，意义重大。这月，上海《解放日报》社的社长范长江找到林子东和孙明，说："解放军要进军福建了，你们是福建人，也一起返回福建吧。"

作为福建人，作为林家人，林子东没有丝毫的犹豫，当即满含热泪应了下来。林子东和孙明的任务就是带领新闻骨干去福建建立新华社福建分社和福建人民广播电台。而林子东，将在福建担任采编部副主任。

8月17日，福州解放。林子东发出《新华社福建前线十七日电》，向全国宣告福州解放的喜讯。

时光倒转一百年，林则徐至交梁章钜生前拒绝踏入已然沦陷的福州。而今天，林则徐的后人林子东，见证了她的解放。

（二）女出版家与林则徐的遗产

1954年11月，林子东调任福建人民出版社副社长兼总编辑。新中国成立初期，出版社全员共14人，分管三个编辑组和一个编辑部。编辑组分时事政治、文教科技和文艺，编辑部主要负责《福建画报》。如此体量，自然亟待发展。林子东上任后，立刻来了“三把火”。

首先是扩编出版社，并制定完整的规章制度。扩编出版社，就是在原来的基础上，将编辑室改为政治理论、文化教育、文艺和美术四个编辑室，并增加了农业编辑室。其次，设置专门的经理部，专门负责经营管理。1956年，又成立了编辑工作委员会。渐渐地，出版社编辑人员也增加到了六七十人。林子东还牵头专门在出版社内部设置了《出版者与作者》和《出版通讯员》两个内部刊物，用来内部学习。制定出版社的规章制度，林子东派人到各省学习，回来后制定了《编辑部工作条例》。这样一来，出版社无论是人员还是运作上，都进入了正轨。

在负责福建人民出版社的十年间，林子东主持出版了一系列书籍，如《党的群众观点与群众路线教材》《工农兵理论著作丛书》《福建革命老根据地人民斗争故事》《福建民间故事》《闽西歌谣》《闽剧音乐》等。当时福建还不通火车，而海上路线又被封锁。林子东用了两年时间，才终于在福建本地建好了印刷厂和仓库。否则，仅是福建的小学教材，每年都要在上海等地印刷后再转运回来。

同时，林子东已经开始关注福建的传统文化资源。接下来，福建人民出版社还出版了《隋唐五代文学史》和《郑成功收复台湾史料选编》等。当然，作为林氏后人，林子东和哥哥李良一样，最希望出版一些林则徐的书籍。

“文化大革命”结束后，林子东调到福建社会科学院。这时，福建更加重视本地的历史文化资源。在中央和地方的支持下，林子东主持举办过多届纪念林则徐的活动，既有民间的，也有官方的。1995年11月，林则徐基金会成立，作为林则徐后裔，林子东出任常务理事。在林子东的主持策划下，福建的林则徐纪念馆、林则徐故居，新疆伊犁林则徐纪念馆等的重建和整修工作，都得以顺利进行。

厦门大学杨国桢教授的《林则徐传》和南开大学来新夏教授的《林则徐年谱》要再版和增订，林子东就向林氏家族搜集资料，交给两位教授进行补订。这才有了《林则徐传》第二版和《林则徐年谱新编》。

当然，更为重要的是《林则徐全集》的出版。《林则徐全集》由来新夏教授和杨国祯教授担任主编，林子东和凌青等林则徐后人则是顾问。出版《林则徐全集》的任务，并没有交给福建人民出版社，而是转到了海峡文艺出版社。担任责任编辑的，则是一位年轻人，名叫茅林立。

林子东从《前哨报》开始，就经常培训年轻后辈。新中国成立以后，出版行业急需年轻人才，林子东对此也是不遗余力。《福建日报》创刊第二天的头版，刊发的是一位名叫龚人左的年轻人写的新闻。龚人左记得，他把这篇文章拿去给林子东看时，林子东笑道：“你这是中学生作文，不是新闻呀。”龚人左很不好意思，但又听林子东说：“但是素材和文笔都很好，你按照新闻格式处理一下。”说着，林子东就手把手地教他。很快，一篇好新闻就出来了。龚人左后来成为著名的报告文学作家，每每提到林子东，都充满着感激。

让一个年轻人做《林则徐全集》的责任编辑，很多前辈不太放心。不过，林子东却力排众议：“小茅为人，踏实肯干，只是经验少些，我们多帮些，让年轻人历练历练。”作为出版界元老，林子东说的话当然顶用。接下工作后，茅林立每每遇到问题，就请教林子东，林子东则是尽力给予支持和帮助。在六年里，茅林立跑遍了所有与林则徐有关的博物馆、档案馆和图书馆，又向各界专家请教，力求不让全集内容出现失误。最后，茅林立收录的林则徐奏稿和清单就有1200多件，信札600多件，还增加了六种林则徐译稿。而这些都是原先没有的。

初稿形成后，茅林立又从头到尾将这300多万字的文稿审查了多遍，再拿给林子东审查。2002年，《林则徐全集》顺利出版。林子东的信任和提携，没有白费。后来，茅林立成为海峡文艺出版社总编辑，也担任林则徐研究会副会长。

从林则徐基金会到《林则徐传》《林则徐年谱》，再到《林则徐全集》，林子东一直在做着最好的工作。未来很长，高龄的林子东觉得，自己的人生无愧于林则徐后人的身份，也无愧于国家和民族。鼓励后进，提携后进，不正是从林宾日、林则徐那里传承下来的家风吗！

三、凌青：从延安到联合国

凌青（1923—2010），原名林墨卿，林则徐五代孙、林拱枢曾孙、林步随之子。凌青是中国共产党最早的外交官之一，在延安时期他就代表中共开始了外交活动。中华人民共和国成立后，凌青推动了“乒乓外交”和中国联合国合法席位的恢复，同时还是香港回归中国的宣告者。凌青是林则徐的后人，更是新中国的外交元老，从延安到联合国，他将林氏家风推向了新时代和新世界。

（一）延安的外交活动

凌青的青少年时期，是在北平男二中（初中）、北平男四中（高中）和燕京大学度过的。中学时，凌青主要由大哥李良带着读一些进步书籍。在燕京大学，凌青经俞林的介绍，加入了中国共产党和“三一读书会”。“三一读书会”的主要成员包括陆孝华、赵凤章、马毓蓁（新中国成立后改名纪波）、姐姐傅秀等，他们大都是地下党成员。太平洋战争爆发后不久，凌青得知自己正在遭日军搜捕。在同学张宏飞和万玉娴的掩护下，凌青和姐姐傅秀一同离开北平，穿过保定，到了阜平（河北）的晋察冀分局和军区司令部。在这里，凌青正式把名字从林墨卿改为凌青。经历过多次“扫荡”和艰难的生活后，晋察冀分局决定调一批干部到延安去深造，凌青也在其中。从1944年4月到7月，花了3个月的时间，干部们有惊无险穿过封锁线，到达了延安。

我们知道，林步随一直要求子女学好外语。凌青在中学的时候，读过不少莎士比亚、简·奥斯汀等人的著作，英文成绩也是最好的。不过，这距离流利地使用英语还差得远。当时延安的美军观察组正需要一些懂英文的干部，凌青就一边在延安外国语学校培训，一边在美军观察组实习。就这样，凌青成为中国共产党外事工作的元老之一。1944年7月，中央在延安设立外事组，从属于军委，专门负责对美军观察组的联络和接待任务，组长为杨尚昆。1945年1月，凌青进入外事组。但凌青的工作是“杂”的，联络科、研究科、翻译科和行政科的工作几乎都做过。简单来说，就是需要联络的时候就联络，需要翻译的时候就翻译，其他时间则做研究和行政。翻译科，主要是直接的口语翻译。研究科，则是把书面材料翻译成汉语，提供给领导参考。

刚做翻译工作时很费力，很多美国军官说话，语速快，又不怎么讲语法，还夹带着不少俗语、俚语。往往一些军官叽里呱啦说了好多，凌青还翻译不出。幸好这时有马海德（美国人，国际友人，驻延安医生，兼任延安外国语学校教师，新中国卫生事业先驱，2009年被评为100位新中国成立以来感动中国人物之一）在一旁帮助。当时中国共产党领导人也喜欢说一些谚语、诗词和典故等。比如毛主席就跟美国人说过“和尚打伞，无法无天”，凌青当时也难以翻译过来。

1947年3月，美军观察组人员离开延安。凌青一直在和他们打交道，两年下来，翻译水平越来越好。更重要的是，凌青积累和学习了不少外交经验。

在延安，凌青给毛主席做了较长时间的翻译。其中，有两次翻译尤为重要。

第一次是同斯蒂尔的谈话。作为《纽约时报》的头牌记者，斯蒂尔其实是代表美国来“调解”的。虽然口头上是“调解”，但美国政府在背后却大量援助蒋介石，助其准备内战。毛主席告诉斯蒂尔：“不管怎样艰难困苦，中国人民的独立、和平、民主的任务是一定要实现的。任何本国和外国的压迫力量，不可能阻止这一任务的实现。”凌青的翻译非常精准，斯蒂尔何等聪明，在毛主席不怕“纸老虎”的气势下，他只能连着说了好多次“很清楚”。毛主席和斯蒂尔的谈话全文，由凌青整理好翻译稿后，再递给毛主席审查。这次谈话后来以《美国“调解”真相和中国内战前途——和美国记者斯蒂尔的谈话》为题，收入《毛泽东选集》第四卷。后来凌青回忆说，毛主席这一谈话，目的就是动员人民、鼓舞士气、坚持斗争直到取得最后胜利。

第二次是1946年12月同美联社记者罗德里克和哈默等英美记者的谈话。在会谈中，罗德里克告诉毛主席：“美国人完全支持蒋介石是因为中国共产党排外。”毛主席反而很幽默地告诉罗德里克：“共产党并不排外，像你这样的人就很受欢迎。”当时，哈默也问毛主席：“你对香港问题是怎么看的？”毛主席表示：“现在中国还有很多问题没有解决，香港问题将来可以协商解决。”这是凌青所知道的中国共产党关于香港问题最早的表态，这奠定了后来我国解决香港问题的基本思路。其实，这期间和美国方面的相处，也算播下了中美友好的种子。而凌青和罗德里克，也成了好朋友。这时的凌青，只知道高祖林则徐曾为香港问题奔走呼喊，却不知道香港回归的重大进程将由自己来推进和见证。

1947年5月1日，在叶剑英、王炳南的领导下，中共中央外事组成立，凌青担任研究处第一科科长，主要负责编写《美国手册》。当时，这本书相当于一本科普书籍，以问答形式呈现，用来介绍美国基本情况。1948年，外事组转移到西柏坡，这时解放战争的形势已经逐渐明朗了。

对凌青来说，一个直观的变化是，他的工作单位即将由外事组升级为外交部。

（二）战火中的外交

新中国成立后，26岁的凌青被任命为美洲澳洲司美国科科长。1949年11月8日，外交部成立大会在大礼堂举行。周总理兼任外交部部长，王炳南任办公厅主任，由王炳南来宣布任命。当提到凌青时，王炳南特意说："凌青是林则徐的后代。"周恩来笑道："既然是林则徐的后代，搞外交肯定更爱国了。"

其实，当时美国科的主要任务就是研究美国对华政策。朝鲜战争爆发后，中美要进行谈判。凌青和美国人打交道的经验很丰富，所以这次谈判，凌青又担任了中国人民志愿军代表团机要办公室主任和翻译队队长。从1951年7月，经历两年多的艰苦拉锯战，直到1954年初，凌青才回国。凌青意识到，在外交场合，想要坚持立场是很容易的。但是，如何利用灵活手段达到外交目的，却很困难。而后者，才是一个人能否成为优秀外交家的核心素质。而且，在弱国无外交的时代，这一点就显得更加重要。朝鲜谈判是在战火中进行的，和一般的外交活动不同。此后，凌青进行的基本都是"和平外交"。在回忆录中，凌青深情地写道："我希望，我的后辈们今后不会再有像我在朝鲜这样的特殊经历。"

（三）暗潮汹涌的“乒乓外交”

20世纪60年代，国际形势动荡不安，中美关系也在朝着新方向开拓。一个显著的标志是，1971年7月6日，美国总统尼克松在堪萨斯大学的讲话中指出：“当我们展望今后五年、十年或许十五年的时候，我们会看到五个强大的超级经济力量，他们是美国、西欧、苏联、中国，当然还有日本……这五大力量将决定世界在本世纪最后三分之一时间里的经济前途，而且由于经济力量将成为其他力量的关键因素，这五大力量将决定世界在本世纪最后三分之一时间里的其他方面的前途。”把中国和其他重要力量并列提出来，就意味着美国准备改变或已经改变对华政策了。而后，凌青亲身经历了中美的“乒乓外交”、尼克松访华和中华人民共和国在联合国合法席位的恢复。这些，正是尼克松讲话之后发生的。

1971年3月，第31届世界乒乓球锦标赛在日本名古屋举行，中国代表团也参加比赛，这是自“文化大革命”爆发以来我国首次参加的国际体育赛事。中美谈到台湾问题的时候，就会冷场。但提到两国关系时，美国乒乓球协会主席斯廷霍文和国际部主任哈里森就向中方代表团提出：“中国是否允许我们去你们伟大的国家看看？中国能不能给我们发入境签证？我们美国对你们是开放的，欢迎你们去美国访问。”很明显，这是美国在向中国询问开放的信号。不久，美国就提出想要以乒乓球代表团来访问中国，进行切磋。不过，当时中央认为时机还不成熟。所以，周总理批复道：“可以留下通讯地址，但是应该明白地告诉他们，我们反对‘两个中国’‘一中一台’的立场。”这既没撕破脸皮，也留下了后来进一步接触的契机。第二天，毛主席又指示中国乒乓球代表团：“可以邀请美国代表团访华。”

为了避免在国际上引起巨大震动，中央决定同时邀请英国、加拿大、哥伦比亚、尼日利亚等国的乒乓球队共同访华。这样一来，美国代表团访华也就可以成行了。日期和行程很快确定下来，他们将先到香港，再从广州飞到北京。

作为外交部代表，凌青以中国人民对外友好协会理事的身份，主持接待美国乒乓球队。凌青参加接待组，主要是在政治上进行把关，以防体委在接待中出现政治错误。

事实证明，这次接待的确“凶险万分”。当时我国还处在“文化大革命”的特殊时期，而中美双方又长期处在敏感关系中。如何把握双方接触的分寸，是个巨大的难题。凌青和接待小组来到机场后，很快发现，机场的候机楼大厅上，居然悬挂着一幅巨大的红白标语：“全世界人民团结起来，打败美国侵略者及其一切走狗！”这则标语正是毛主席于1970年5月20日发表在《人民日报》上的声明，目的是支援印度的抗美救国斗争。但它出现在迎接美国代表团的机场大厅，就会引发巨大问题。不说别的，美国人一下飞机，必然会看到它，后续将会引出多少问题，没人知道。最关键的是，这时没有人敢贸然提出将这幅标语撤下来。眼看着飞机即将降落，凌青知道，只有自己把这风险承担了，他大手一挥，让大家把标语撤了下来。一旁的领导们，也都没有提出异议。看来，大家伙儿都很清楚，标语再重要，也不能出现在这里。幸运的是，事后也没有人就此事找凌青。凌青心有余悸地猜想，要么是没人上报，要么是上报之后领导人也赞成向美方表示友好。

但实际上，由于长期的隔绝，美国、加拿大等国家对中国也怀着同样的心态。加拿大乒乓球女队教练利厄·纽伯格（美国人，曾连续夺得21届全美乒乓球锦标赛冠军）回忆道："我一到广州就有一种捉摸不定的感觉，但是当我见到第一批中国人，并且发现他们就是前些年的乒乓球老对手时，这种不安定的感觉就消失了。"美联社华盛顿4月20日刊发斯廷霍文的回忆："美国球队在这次访问中，遇到的全是朋友。在整个访问期间，中国人一直问我们有什么要求。我们没什么问题，也没什么担心。"而当时如果没有凌青要求撤下那幅标语，也许将会出现另一种情况。

接下来，就是要和美国乒乓球队"切磋"了。显然，这不是简单的切磋。周总理专门接见了中国队队员，告诉他们："比赛有输有赢，但我们不能光赢，如果美国队第一次来就输了，这不好。"在比赛中，凌青还因此险些被批评。周总理全程观赛，他忽然发现我方队员打得过于厉害，让美国队员有些招架不住。周总理立刻过来问："前方谁在掌握，凌青怎么搞的？"不过，这次比赛有惊无险。在"友谊第一，比赛第二"原则的指导下，美国男队和美国女队分别以3∶5和4∶5的小分差输给中国队。

要知道，在世界范围内，如果给各国的乒乓球队实力进行分档，中国队是独一档的。所以，这个分数对美国队而言，可以接受。而对中国队来说，则是完成了比分数更重要的任务。随后，美国乒乓球队又去各地访问，周总理索性指示，国家队队员就不必"支援"了，双方正常比赛，有输有赢即可。这次美国代表团中，还有凌青在延安就认识的老朋友罗德里克。不过，二人都默契地没有进行私下接触。一直到30年后，年届90岁的罗德里克再次访问中国，凌青才终于在家中邀请罗德里克共进午餐。这位中国通和凌青前后三次见面，分别在20世纪40年代的延安、70年代的北京和21世纪初的北京。三个时代的中国，三个时代的美国，三个时代的世界。

在访问中，周总理告诉美国代表团团长斯廷霍文：“有朋自远方来，不亦乐乎。”而斯廷霍文则回答道：“我们欢迎中国朋友去美国访问，希望中美两国人民来往能很快开始。”这次访问后，中美双方政府代表先后在巴基斯坦和法国进行接触。很快，中国乒乓球队也接受了去美国访问的邀请。而且，接下来的尼克松访华也就变得顺理成章了。

凌青当然很清楚，这背后有着怎样的深层意义。通过乒乓外交，“小球推动大球”，不仅中美关系有了巨大发展，也使我国突破了被苏联孤立的外交困境。

（四）重返联合国

很长一段时间，在联合国，中国的合法席位一直被蒋介石代表团所占据。想要恢复联合国席位，就涉及两个重大问题。第一是中国和联合国没有直接联系，所以必须要有国家作为提案国向联合国提交议案。第二是中国恢复联合国席位，就必须要联合国承认“一个中国”原则，并且把蒋介石代表团从联合国驱逐出去。20世纪50年代，中苏关系还在蜜月期，苏联曾以拒绝参加安理会的手段向联合国施压。不过，随后正因为苏联没有在安理会，未能行使否决权，所以以美国为首“联合国军”出兵朝鲜的议案获得了通过。后来，阿尔及利亚同意作为提案国向联合国提交议案。不过，这一过程又持续了20年之久。一直到1971年，中国仍然没有和联合国发生任何直接联系。而在这时，世界形势决定了联合国必须和中国有多方面的联系。于是，中国恢复联合国席位就显得迫在眉睫了。

这一年，在外交部欧美司负责领导国际条法组工作的凌青，向外交部部长姬鹏飞做了汇报：“今年恢复中国联合国席位的可能性很大。”不过，中央出于一些考虑，准备推迟进入联合国。一来，中国对联合国比较陌生；二来，联合国尚不愿意主动揭掉贴在中国身上的“侵略者”标签。9月，周总理指示凌青：“万一联合国准备恢复合法席位，要想好推迟进入的理由。”周总理让章文晋告诉凌青：“第二天要开会讨论。”第二天开会，周总理特意在会上问凌青来了没有。虽未具体再多问凌青，但显然是要凌青在这方面好好准备。

1971年10月25日，联合国大会表决，通过了阿尔巴尼亚和阿尔及利亚提出的恢复中华人民共和国在联合国合法权利的提案。相对地，美日提出的“属于重要问题”提案就作废了。两阿提案的赞成票是76票，反对票是35票，弃权票是17票。这样一来，中国在联合国的合法席位得以恢复。当时联合国无法直接联系中国官方，只能通过西方通讯社传达：决定恢复中华人民共和国的一切权利，承认他的政府代表为中国在联合国组织的唯一合法代表，并立即将蒋介石的代表从它在联合国组织及其所属一切机构中非法占据的席位上驱逐出去。因此，虽然决议生效是在25日，但中国却是在26日上午才从电传机上得知此通知。

随后，中央决定立即参加联合国大会。乔冠华、熊向晖、唐明照、章文晋和凌青五人作为筹备小组，凌青和章文晋负责撰写请示报告。此后，中国先后同加拿大、澳大利亚等西方国家建交，中国外交取得重大突破。从1980年到1985年，凌青作为中国代表常驻联合国6年，先后参加了重要的教科文会议、海洋法会议、亚太理事会、巴黎会议、特别裁军大会等。

（五）国际海洋新秩序的建立

我们知道，凌青的父亲林步随曾在1921年参加民国政府海界委员会，讨论确定了当时中国的领海范围。到了20世纪70年代，海洋再次进入林家后人视野。

在担任第三任联合国常驻代表之前，凌青参加了三次联合国海洋法会议。1973年，凌青作为联合国大会的中国代表，参加了第三次联合国海洋法会议领导机构成员选举的会议。1974年，凌青以中国代表团副团长的身份，参加了在委内瑞拉首都加拉加斯举行的第三次联合国海洋法会议第一次会议，参与讨论海洋法的实质性问题。1976年，作为代表团团长，凌青又参加了在纽约举行的夏季会议。

其实，从1973年到1982年，联合国为海洋法一共开了9年的会，凌青只参加了其中的三次，这是因为后来我国有了国际法和海洋局的专业人员来负责此事。所以，凌青只是“客串”。但凌青参会的历史意义在于，这是新中国第一次全面全程参与国际立法工作。此后，海洋法规定了几个重要内容：1.国际海底资源的所有权和开发制度。2.确立200海里专属经济区。3.将3海里的领海宽度改为12海里，但同时保证所有船舶和飞机享有“过境通行”的权利。4.确立了“大陆架”概念。5.确立了群岛国和岛屿制度。

1976年的这次会议，凌青在会上参与讨论了200海里的问题。这主要涉及一些发展中国家，如阿尔及利亚和委内瑞拉等国，200海里对他们就极为不利。但这一问题，短时间内难以讨论出结果。后来凌青调离岗位，就未能再持续关注此问题了。

一个在五十年前，一个在五十年后，林步随和凌青父子都直接参与了国家或国际海洋会议。1921年，林步随确立民国领海范围时，凌青尚未出生，这一举动也不过是被动表态。而到20世纪70年代，凌青参加的国际海洋法会议，却是主动参与世界海洋新秩序的构建。

（六）递交香港回归的联合声明

香港从离家到回家的进程，就是中国从挨打到站起来再到走出去的历史。而在这饱含屈辱、艰辛、奋斗和骄傲的150年里，林则徐及其后人既是见证者，更是参与者。

1839年，林则徐在广州查禁鸦片时，英国军队和商船就盘踞在尖沙咀洋面，时不时上岸骚扰。随后，“林维喜事件”发生，中英先后在香港发生九龙山之战、穿鼻之战和官涌之战。在林则徐的指挥下，大小战役几乎全胜。

11月21日，林则徐上奏道光皇帝，他说“尖沙咀洋面，群山环抱，浪静风恬”，如果任由英国军队驻扎其间，据为巢穴，那么将贻害无穷。

1840年4月21日，林则徐又上奏道光皇帝，他说：“尖沙咀一带，东北负山，西则有汲水门、鸡踏门，东则有鲤鱼门。四面环山，波恬浪静，水势宽阔。”从海运来看，这里是南下和北上的必经之地。如果长期被英军盘踞，那么未来必成大患。

随后英国远征军在北方打到了天津白河口。惊恐的道光皇帝将林则徐革职，琦善在和英国交涉的过程中，几乎把林则徐在香港的军事防御破坏殆尽。1841年1月26日，英军占领香港岛。琦善又下令将尖沙咀和官涌炮台的56座大炮尽数撤下。而剩下的炮台，则被英军趁机拆除，砖瓦石被运往香港岛，成为一条条路基。于是，第二次鸦片战争时，没了炮台掩护的九龙半岛南端，被英国不费吹灰之力占领。

1842年8月29日，中英签订《南京条约》，香港岛被割让给英国。

1898年6月9日，英国强迫清政府与之签订《展拓香港界址专条》。通过此条约，英国强租了深圳河以南、尖沙咀界限街以北的香港岛未割让的土地，期限为99年，这些地方被统称为“新界”。这样一来，香港行政区比原来扩大了11倍，而水域则扩大了至少50倍。一个直观的比较是，香港新界相当于广东新安县的三分之二。

99年后，1997年6月9日，凌青在《人民日报》发表名为《九十九年后的感慨》一文，他说，过去“不是我们的负担，而是我们宝贵的经验教训”。再过三周，香港就将正式回归中国。

但这个过程，比想象的更令人惊心动魄。

1942年元旦，由中苏美英领衔、26国参与的《联合国家宣言》在华盛顿签署。1943年1月11日，中英又在重庆签订《中英新约》。条约规定，废除英国在中国的一切特权，并归还租借地。但是，香港不在归还之列。

1943年11月22日到26日，蒋介石同丘吉尔、罗斯福举行开罗会议。在会议上，蒋介石向罗斯福提出，要求英国归还香港，罗斯福赞成并表态会督促英国完成此事。不过，丘吉尔再次拒绝了蒋介石的要求。1945年8月15日，日本宣布投降。根据协议，盟军总司令麦克阿瑟接受日本投降，并划定各国受降区域。当时，英国划定的受降区域并没有香港。中国战区总受降官何应钦立刻派第二方面军司令张发奎和第十三军军长石觉进驻香港，准备接受日本投降。但是，英国为了继续占有香港，直接派驻华大使薛穆尔传话给中国：“一个主权国家有权不顾战区界限，重占他的领地。英国已经在准备接管香港的主权，接受日本投降。”8月16日，蒋介石向美国总统杜鲁门求助，希望他表态。杜鲁门毫不掩饰，他告诉蒋介石：美国已经知会英国政府，不反对他们在香港接受日本投降。一周之后，无奈的蒋介石提出折中办法：英国接受日本投降，但要以中国战区最高统帅的名义向英国受降主将海军少将考托授权，同时中方和美方各派一名军方代表参加受降仪式。这样，本已进驻九龙和新界的中国军队只能撤到深圳，英军接收了香港。

新中国成立后，中国政府宣布，不承认关于香港的三个不平等条约，香港是中国领土。新中国政府提出，可以在适当时机，通过谈判解决香港问题，这延续了延安时期毛泽东的一些相关思想。实际上，这意味着，在当时的内外条件下，中国政府坚持香港是中国领土的基本立场。同时，英国政府也是在保持现状不变的情况下，尽量不向中国政府提出香港主权归属的问题。换句话说，英国也不想招惹中国。

在很长时间里，香港问题就是中国和英国的问题，与联合国关系不大。但由于联合国在国际事务上的参与越来越多，一些问题就不得不通过联合国进行讨论了。1972年，凌青在外交部国际法条务司任职的时候提出，联合国非殖民化委员会关于香港和澳门的规定不正确。因为一个国家或地区如果在非殖民化名单中，就可以在将来获得独立。这意味着，联合国这份名单，变相地给了香港和澳门独立的机会。这样一来，将来在谈判中，英国必然可以以此为理由拒绝归还香港，甚至直接促成香港独立。

于是，在第27届联合国大会上（1972年11月），我国提交了关于非殖民化的报告：“殖民地是遭受外国统治管辖而丧失主权的国家和地区。香港、澳门是历史上遗留下来的帝国主义强加于中国的一系列不平等条约的结果。香港和澳门是英国和葡萄牙当局占领的中国领土的一部分。解决香港和澳门问题完全是属于中国主权范围内的问题，根本不属于通常所谓的‘殖民地’范畴。中国政府主张，在条件成熟时，用适当的方式和平解决香港、澳门问题。”以此为基础而形成的非殖民化特别委员会的报告，以99票比5票获得通过。这5张反对票中，就包括英国和葡萄牙。于是，香港和澳门从非殖民化委员会名单中删除。这意味着，在国际上，香港和澳门的主权属于中国。这也意味着，无论英国投了赞成票还是反对票，以后和中国谈判都必须以此为基础。

英国很快就到了“铁娘子”撒切尔夫人主政的时代——20世纪80年代。

1982年4月，阿根廷派兵占领马岛，驱逐英军。随后，撒切尔夫人在议会上很生气地说：“阿根廷真是太狂妄了，竟然敢轻视和侮辱大英帝国。我要用我们的皇家军队和战舰告诉他们，马岛到底归属于谁。”6月14日，英国夺回马岛。战役结束后，撒切尔夫人访问美国，并在联合国大会发表演讲。毫无疑问，这一连串的动作，就是撒切尔夫人在向世界宣告，英国人说话仍然很管用。

同年7月28日，撒切尔夫人在首相府召开会议讨论香港问题。她说：“根据条约，香港岛与九龙南是永久割让，只有新界才是租借的。所以，尽管中国宣称这些条约是不平等条约，但对英国来说，它们仍具有效力。”这传达出英国对香港问题的基本倾向，即准备续订和延长条约。无疑，这展现了撒切尔夫人一贯的铁腕风格。

联合国的演讲结束后，撒切尔夫人开始接见各国代表。当然，从1980年担任我国驻联合国大使的凌青也在其中。

轮到中国时，礼宾官向撒切尔夫人介绍道："这位是中国大使——凌青。"

撒切尔夫人早已注意到凌青，她信心满满，笑着对凌青说道："我们两国没什么问题。"

经验丰富的凌青当然知道，中国说没有问题和英国说没有问题，那完全不一样。因为，刚刚在世界上获得极高影响力，又在国内夺得大把选票的撒切尔夫人的潜台词是："按英国的想法来，就没问题。"

凌青没有多说话，他知道，接下来才是漫长的拉锯战。

访问联合国结束后，撒切尔夫人又访问日本。随后在9月，撒切尔夫人来到中国，决定第一次正式跟中国"交锋"。要和这位铁腕人物过招的，是邓小平。在会谈中，撒切尔夫人表示，三个条约继续有效，这是解决香港问题的基本前提。邓小平明确告诉撒切尔夫人："主权问题不是一个需要讨论的问题。"这次谈判，没有形成具体的结果。会谈结束后，撒切尔夫人走出人民大会堂。但有趣的是，撒切尔夫人在一个月前刚做过大腿静脉曲张手术。拾级而下的时候，撒切尔夫人摔了一跤。得知消息的邓小平，当即指示，国内媒体不要报道此事。不过，外媒和港媒却报道了出去。于是乎，撒切尔夫人摔跤，就在这个特殊时期被渲染出了很多色彩。随后，中英两国开始了长达9个月的谈判，但仍然毫无进展。

既然保有香港主权的想法不能实现，英国决定换一个办法：主权和治权分离。即中国拥有香港的主权，但英国享有香港的治理权。在后来的回忆录中，撒切尔夫人坦白道："我们的目标是用香港的主权交换英国在未来对整个殖民地的持续的行政管理。"不过，中国政府始终坚持主权治权不分离。最后，英国渐渐放弃了这个想法。

在长期的谈判攻坚战中，务实的英国人渐渐意识到，在人家家门口抢夺地盘或者配置势力，是何其的不明智？不说别的，就算香港主权在英国，只要中国政府出兵，只需半天，香港就被解放了。最终，英国政府决定妥协，但提出要求："中国搞'一国两制'，必须承诺收回香港后落实下来。"其实，撒切尔夫人和英国的目的，就是尽量保留香港的独特性。对于这点，中国政府当然同意。毕竟"一国两制"就是邓小平提出来的。

1984年11月，中英双方达成关于香港问题联合声明的协议。协议达成后，凌青喜不自胜，写下一首《七律》：

中华儿女志弥坚，昂首虎门销毒烟。

勇斗百年涤旧耻，腾飞万里谱新篇。

河山昔日悲焦土，大地今朝喜换颜。

高祖有灵惊不识，笑询天上抑人间。

凌青慨叹道，就算是高祖林则徐得知香港即将回归的消息，也只会震惊于这片国土早已旧貌换新颜。后来在纪念鸦片战争150周年时，凌青在会上又重读了这首诗，用来告慰林则徐。

既然中英双方都同意了，那就涉及双方是否真正履行各自承诺的问题了。至少对英国人来说，他们并不相信中国会真正保持香港的资本主义生活方式和政治制度50年不变。

所以，第三方公证就显得很必要了。十年前，联合国就已经把香港和澳门从非殖民化名单里去掉了。那么现在通过联合国公布联合声明，让这份声明获得法律效力，并在国际上得到认可，将督促双方履行承诺。

接下来，就是向联合国递交联合公报的流程了。像是一个巨大的巧合，这个任务交到了凌青的手上。

再往深处探究，一些偶然的巧合，其实是有必然的根源在里面的。一百多年前，林则徐因香港问题而意难平，他在奔赴新疆的途中，愤而给家人留下“苟利国家生死以，岂因祸福避趋之”的悲壮诗句。一百多年前，林则徐用这两句诗，确立了林氏家风更深厚的内容，那就是爱国。所以，林氏子孙代代都以此为人生准则。

1985年6月12日（纽约时间），凌青和英国常驻联合国首席代表汤姆森大使见面，一同到联合国法律事务部。几人乘坐电梯来到早已准备好的办公室，那里的办公桌上已经摆好了中国和英国的国旗。凌青和汤姆森大使握手，合影留念，随后双方将《联合声明》递交给弗莱施豪尔秘书长。

照片中的凌青，微微含笑。但是，后来凌青自己回忆说：“那只是用微笑来掩盖一种发狂似的喜悦。”

和当年撒切尔夫人在联合国同凌青握手一样，汤姆森大使笑着对凌青说：“我们两国之间没什么问题。”

凌青仍是微微笑着，但心中却波涛汹涌。三年前，撒切尔夫人也在联合国对自己说过同样的话。但同样一句话，背后的意味却大不相同。一百多年前，哪怕在是中华民族脊梁的林则徐面前，义律也有颐指气使的资本。而今天，汤姆森大使却必须表现出真正的绅士风度。凌青笑着告诉弗莱施豪尔：“递交联合声明，也是在告慰我的先祖林则徐。”这位联合国重要官员频频点头，似懂非懂。

随后，因任职到期，凌青从联合国离任回国。

1997年很快到来，香港回归时，很多人才发现，原来凌青大使竟是林则徐的后代。于是，众多报纸杂志纷纷找到凌青，希望他写诗纪念。

凌青写了一首诗和一首词：

七　绝

粤海销烟扬我威，但悲港九易英徽。

家恨国仇今尽雪，只缘华夏已腾飞。

浪淘沙

赤胆照千秋，图解国忧。乌云滚滚北风遒。空有雄心驱虎豹，壮志难酬。

巨变撼寰球，崛起神州。京都决策有宏猷。闻报明珠归故主，喜泪飞流。

诗词意思大致相同，诗的前两句和词的上阕，说的是先祖林则徐虎门销烟固然扬我国威，但也逃不掉国衰志难酬的命运。诗的后两句和词的下阕，说的则是国家强大后，林则徐后人终于见证香港回归。

香港回归前夕，歌唱家胡松华找到凌青，希望可以把这两首诗词改谱成歌曲，凌青欣然应允。而后，胡松华又邀请凌青一同拍摄歌曲的MV。

拍MV的地点是圆明园遗址，凌青穿的是中山装。

1997年7月1日，在天安门广场举行的迎回归庆典上，胡松华演唱了《喜泪飞流》，歌词正是凌青写的《浪淘沙》。

林文忠公家风有继。

结　语

有时候，回顾历史，人们往往会有一种“巧合”的错觉。对于林则徐及其后人而言，也许有人会想到：林则徐最先大规模禁烟，抵抗英国侵略，最先为香港的丢失而奔走呼喊，最先睁眼看世界；而林则徐的后人一代代地为国家鞠躬尽瘁，从福建走向中国，从中国走向世界，这难道真是一种“巧合”吗？

当然不是。就拿开眼看世界来说，当初林则徐有意识地让手下翻译外国资料，整理《四洲志》，亲自向英国女王写信，又和各类外国人打交道，这体现出林则徐向外的心态。只是，在当时的历史条件下，林则徐无法突破这种限制。

这个时候，家风的作用就显示出来了。

林则徐既然有意识地关注世界，那么他也会教育后人如此。因此，我们能看到从晚清到民国动荡混乱的时期，林则徐的子孙纷纷出国留学，或者担任外交官，或者加入革命政党。促使他们走向世界的，是变动的世界格局，更是良好的传世家风。而自抗日战争、解放战争以来，林氏子孙无疑都走上了正确的道路，他们为新中国的成立、成立初期的艰难求存、突破重围后的继往开来，都做出了巨大的贡献。

1839年，林则徐禁烟；1841年，第一次鸦片战争后，英国强占香港岛；1985年，凌青向联合国递交中英联合声明；1997年，香港回归祖国。这是一个家国的轮回吗？不是。因为，家风是一种传承，将会一直绵延下去。而“苟利国家生死以”，也将继续焕发出林氏家风的光彩。

参考文献

[1]《林则徐全集》编辑委员会.林则徐全集 [M] .福州：海峡文艺出版社，2002.

[2] 金安清.林文忠公传·清代碑传全集 [M] .上海：上海古籍出版社，1987.

[3] 林崇墉.林则徐传 [M] .台北：中华大典编印会，1968.

[4] 杨国桢.林则徐大传（插图本） [M] .北京：中国人民大学出版社，2010.

[5] 来新夏.林则徐年谱长编 [M] .上海：上海交通大学出版社，2011.

[6] 林庆元.林则徐评传 [M] .南京：南京大学出版社，2000.

[7] 马骏杰.走近林则徐 [M] .北京：中国财政经济出版社，2017.

[8] 闽侯县志 [M] .台北：成文出版社，1961.

[9] 梁章钜等；白化文，李如鸾点校.楹联丛话 [M] .北京：中华书局，1987.

[10] 左宗棠著；刘泱泱等校点.左宗棠全集 [M] .长沙：岳麓书社，2014.

[11] 中国史学会，中国社会科学院近代史研究所编；章伯锋，李宗一主编.北洋军阀1912—1928·第2卷·袁世凯的独裁统治 [M] .武汉：武汉出版社，1990.

[12] 群众出版社编.烈火真金 [M] .北京：群众出版社，1979.

[13] 凌青.从延安到联合国——凌青外交生涯 [M] .福州：福建人民出版社，2008.

[14] 钱江."乒乓外交"幕后——小球转动大球 [M] .北京：东方出版社，1997.

[15] 徐梓.明清时期塾师的收入 [J] .中国社会经济史研究，2006（02）.

[16] 黄保万.林则徐与梁章钜早年关系及其学术文化述略 [J] .福建论坛（文史哲版），1985（06）：40—45.

[17] 吴晓玲.志同道合　共谱爱国曲：析林则徐与王鼎师友情 [J] .福建文博，2015（02）.

[18] 刘存宽.浅谈外国人对林则徐的认识 [J] .北京工业大学学报（社会科学版），2001（01）.

[19] 沈丹昆.同盟会会员、爱国女诗人沈葆桢儿媳林步荀 [J] .炎黄纵横，2012（08）.